Be
a Targeted Head
Teacher

做一个不再瞎忙的班主任

(2022版)

梅洪建 著

2022版自序 / 1

第一版自序 / 3

第一章 班主任要做该做的事

"现代管理学之父"彼得·德鲁克说：比起正确地做事，做正确的事更重要。在教育中，我该做什么，比我能做什么重要得多。找到我该做的事，是避免瞎忙的关键。

▶ 第一节　班主任没那么伟大　/ 9

▶ 第二节　改变一个学生没那么容易　/ 16

▶ 第三节　班主任要给学生平台和力量　/ 20

第二章 为学生的成长搭建动起来的平台

面对班级里层出不穷、变化多端的事故，班主任总是疲惫不堪。是否有一种途径，可以不让班级发生各式各样的事故呢？

▶ 第一节　"动起来"让班级不生事端　/ 25

▶ 第二节　班级委员会让学生蓬勃发展　/ 32

▶ 第三节　平台运行的三个基本要素　/ 37

▶ 第四节　平台可持续运行的四种策略　/ 54

第三章　为学生的成长借取多方资源

将班主任从忙碌中解放出来，不是空中楼阁。做一个不再瞎忙的班主任，您也可以的。

▶ 第一节　用别人的水浇自己的田　/ 67
▶ 第二节　班主任为什么没有家长朋友　/ 71
▶ 第三节　四招让班主任和家长成为"铁哥们"　/ 75
▶ 第四节　运用"五人"策略团结科任教师　/ 91
▶ 第五节　让领导成为您的"棋子"　/ 95
▶ 第六节　创设更广阔的借力平台　/ 98

第四章　为学生的成长提供不竭的动力

从小学一年级甚至幼儿园开始，我们就教育孩子要好好学习，可为什么到了高三，甚至大学，还有那么多学生不知道好好学习呢？忙碌多年，效果去了哪里呢？

▶ 第一节　破解教育无效之谜　/ 107
▶ 第二节　培养具有可持续发展能力的学生　/ 110
▶ 第三节　科学班会课的三大特征　/ 116
▶ 第四节　带班，其实是上一堂大课　/ 129

第五章　用小本做沟通的大事

倘能足不出户便可知全班动向，无痕之中就能运筹帷幄，班主任不就可以轻松许多了吗？

▶ 第一节　师生交流，最好用小本　/ 135

▶ 第二节 小小本子的五大功用 / 137

▶ 第三节 "四要诀"创造小本奇迹 / 150

▶ 第四节 用聊天本做"秘密"评语卡 / 156

第六章 理念烛照下的实践

大爱无痕,大教无言,做一个不再瞎忙的班主任,力求在无痕中最大限度地发展每个学生。

▶ 第一节 实践个案 / 163

　　　　个案1:兄弟,抱一抱 / 163

　　　　个案2:睡觉感言 / 166

　　　　个案3:100块钱"买"一个人 / 170

　　　　个案4:第一次,我收礼了 / 173

▶ 第二节 案例背后的理念 / 177

　　　　案例1:一切为学生的发展服务 / 177

　　　　案例2:在你的篮子里,就是你的菜 / 183

▶ 第三节 班主任需要树立的时间意识 / 189

▶ 第四节 "培育—发展"班级发展理念八问 / 194

后记 / 201

2022版自序

本书出版以来，蒙诸多同人厚爱，印刷了10多次。在此唯有合十感恩。

出版后，不少朋友期待再版时能更上一层楼。当然，是不是上了一层楼，不是我说了算。书，写的时候，是自己的；写出来后，就是大家的。

我充分听取了大家的意见，对文句、案例等进行了细致的修订。这次修订，有几个方面改动较大。

1. 第四章增加了第四节——"带班，其实是上一堂大课"。这一章的重点之一是班会课，但近几年，我发现很多冠以"系统"的班会课，其实是走在"非系统"的道路上。而这种"非系统"直接导致了带班工作的碎片化。这是班主任工作出现失误的重大表现之一。增加这节的内容，希望借此可以启发更多的朋友做系统的带班工作。

2. 第五章也增加了第四节——"用聊天本做'秘密'评语卡"。这是小本运用的升华，也是我近年来的实践呈示。把聊天本和期末评语结合起来，既可以让学生回望过往的痕迹，又可以给学生带来前行的力量。"照镜子"式的评语，改变了常规评语的"评定"功能，把"促进成长"化为了现实。

3. 第六章增加了第三节——"班主任需要树立的时间意识"，把原来的第三节后移为第四节。既然本书是谈"做一个不再瞎忙的班主任"，谈谈班主任的"时间管理"似乎是应该的。但是，工作实践让我深深地明白，时间管理并不是如何管理时间的问题，而是工作能否有效果、效率和效能的问题。如果工作有效果、效率和效能，班主任自然就可以从繁忙中解放出来。这就可以给班主任的专业化发展提供更广阔的时间和空间。所以，时间管理的核心是"做事"，时间管理的能力是做对事情的能力，是把事情做对的能力，是成事育人的能力。只是，在"管理"意识的作用下，很多人在做着切割时间的事情。殊不知，切割的时间模块，是束缚自己的另一重枷锁。

4. 删掉了原后记。这次修订，其实是源自内心深处的一份愿望。2018年，母亲去世，我从来没有想过老人家会去得这么匆忙，我想把这次修订，当作菲薄的祭品，献给自己的母亲。当然，这不是唯一的原因。另一个原因是，我想把近几年的思考呈现给大家，让朋友们感受我的成长。期待新的后记对您能有所帮助。

是为序。

第一版自序

忙,是班主任的共同感受。可悲的是,忙碌之后,教育效果却甚微。于是,班主任总是很迷茫,却鲜有人知道原因何在,路在何方。

我们很少思考:班主任忙得都有价值吗?我们是不是在瞎忙?

哲人说,在错误的道路上,你越勤奋就越愚蠢。班主任是不是也该思考一下自己的工作路径是否正确,是不是有一种途径可以让自己不再瞎忙?

这本小书,就是个人思考的一些呈现。

首先,我花了一些笔墨探讨班主任的工作本位问题。班主任只有明白了工作的本位才能找到努力的方向,方向对,是班主任摆脱瞎忙最重要的前提。

本书第二章,呈示的是自己的班级结构形态。"管理"可能是扼杀,学生自主管理也可能变成相互监督。于是,我想构建一种舒展的、蓬勃的又可以使每个学生成长最大化的班级结构形态。所以,就有了"培育—发展"班级理念的第一个也是最重要的支点——班级委员会制度。在这种班级形态中,学生可以得到心理平等,可以个性张扬,可以实现机会均等。这是一种可以复制的班级形态,谁都可以根据自己班级学生的不同特点,搭建起为学生成长服务的平台。平台的特点是"动起来"。因为只要动起来,只要学生时时刻刻、快快乐乐地动起来,学生就能够成长得很好。"动起来"可以蓬勃学生的灵魂,发展学生的个性,至少可以将班级发生事故的可能降到最低。

这样，班主任就有了忙的着力点——让学生动起来，就可以将班主任从瞎忙中解脱出来。

当然，不可能绝对不发生事故。为此，本书最后一章也提到了一些事故的解决方法，这些依然是建立在"培育—发展"理念基础之上的——一切为了学生的发展，事故也要变成教育的资源。这是基本的认识，因为教育不是为了解决问题，而是为了发展学生。

教育是立体的存在，而教师的生活圈子、知识范围、思维视野都无法满足这些立体的并且指向未来的需要。为此，班主任需要借取来自学生、家长、领导、同事、社会等多方面的资源为教育服务。大而言之，当下的教育应该是大教育，是在学校的小舞台上培养"大人物"的事业，只有借取广泛的力量和资源，才有可能达成这一目的。小而言之，这是为班主任服务，因为教育借力可以减轻班主任的工作负担和心理压力。时下不少班主任出现了职业倦怠，原因就是不能从"自我"中跳脱出来，工作时大包大揽。这其实是出力不讨好的事情。诗人非马说：

打开
鸟笼的
门
让鸟飞
走
把自由
还给
鸟
笼

人放开了"自我"，就会给自己一片广阔的天空；守着"自我"，既束缚了自己,也束缚了教育。所以,教育需要借力。这是本书第三章探讨的问题。在这一章中,结合实践,我把如何向家长、科任教师、领导等借力做了详细的呈现。多方借力是构成"培育—发展"班级理念的第二个支点。教育借力,也能够让班主任从"自我"忙碌中解放出来,借别人的水浇自己的田。

和众多的朋友一样,我也一直在追问:"为什么我们的教育效果甚微?"追问了多年,我理出了自己的思路。我愿意把自己的所思所做呈示出来,供朋友们探讨和批评。教育应该做什么?不是给学生方向,因为您给的方向不一定科学;应该给学生的是土壤,然后给他们动力。这种动力,就是他们以后成长的精神力。而这种精神力经过每天系统化的熏染,会转化为血液流淌在每个学生身上。我忘不了学生广会的来信:

  老师,我们几个考进了同一所大学。知道吗?您的学生有一个共同的特点——进取!别人在花前月下卿卿我我的时候,您的几个学生在图书馆;别人满足于考试背背抄抄的时候,您的几个学生在书海里遨游。

给学生这样一种精神力,不是我们应该做的吗?如何科学地给学生力量,解决教育无效的问题,这是本书第四章探讨的问题。它构成了"培育—发展"班级理念的第三个支点。

当班主任从繁复的目标里跳出来,教育的落脚点就集中了许多,那些无效的瞎忙就会因为认知的提升而减少。

积极进取的人往往又是容易在挫折面前"思退"的人。所以,我在寻求走进学生心灵的更好方法。后来,小本就出现了。小本至今已陪伴了我七年。七年来,我和几百个学生进行生活的分享、心灵的交流。在这里,我感受到了幸福,学生也感受到了幸福。于是,这个小小的本子就成了我们的不舍，也成了彼此用心灵熨帖心灵的媒介。当谈话教育变得苍白的时候，这个小本子的力量却显得那样神奇。小本也就成了"培育—发展"班级理念的第四个支点。这是第五章的内容，也是把班主任从"眉毛胡子一把抓""时时刻刻都在场"的困境中解放出来的良方。

最后一章，也就是第六章，记录的是班主任工作中的一些具体案例。

所谓"培育—发展"班级理念，就是班主任放低身姿培育一个个适合学生成长的平台，把发展学生作为最终目的的理念。提出这个概念并非想在概念满天飞的浮躁年代里沽名钓誉，而是想用一种新的提法引起您的关注、思考，激发我们的碰撞。如果这本书能引起您的共鸣，并在实践中对您有些许借鉴作用，惠及更多学生，我会感到欣慰；如果这本书能够引起朋友们对班主任工作的思考、反思以至更多的建树，那么它就更有价值了。

第一章

班主任要做该做的事

"现代管理学之父"彼得·德鲁克(Peter F. Drucker)说:比起正确地做事,做正确的事更重要。在教育中,我该做什么,比我能做什么重要得多。找到我该做的事,是避免瞎忙的关键。

管理大师彼得·德鲁克说，效率是"以正确的方式做事"，而效能则是"做正确的事"。他又说，对企业而言，不可缺少的是效能，而非效率。换言之，"做正确的事"比"正确地做事"更重要。"正确地做事"应以"做正确的事"为前提，否则"正确地做事"将变得毫无意义，甚至十分可怕。

对班主任来说，自然也是"做该做的事"比"认真做事"更重要。

那么，班主任该做什么呢？

第一节 班主任没那么伟大

我曾在某市班主任基本功大赛中做过评委。其中一个环节是让参赛选手谈"我的带班理念"。结果绝大多数班主任的带班理念是"爱"。

点评的时候，我有些失态，就说了这样的话："总是听人说，'能力不够，情怀来凑'，当这么多选手都在谈'爱'的时候，是不是说明我们能力不够呢？或者说，我们根本就没什么带班理念？"

自然，又是不讨好的话。

曾接触过这样一个案例：

> 某班有一名女生特别孤僻。班主任老师就针对这名女生召开了以"爱的奉献"为主题的班会，意在让班上所有同学都来帮助这名女生。班会开始时，女生什么话都不说，当班会进行到"我想对你说"环节，班上每个同学都充满深情地对女生说一句关爱的话的时候，女生发作了。她一脚踢开椅子，抹着眼泪甩门而出。班主任和全班同学都呆了："怎么会这样啊？"

老师以为是爱，同学们也以为是爱，但是这名女生认为这是对她的鄙视甚至侮辱。她不需要这样的爱，她需要的是自己的尊严和别人对她的尊重。可是，她亲爱的老师和同学却打破了她的自尊。

这就是典型的自以为是的爱。

有些班主任就是这样，满口说着"我是为了学生好"。王晓春老师曾尖锐地指出，很多教师想用"关爱"换来学生的"感激"。教师一厢情愿地以为，学生一感激，就会改正缺点。时下有些孩子由于家庭溺爱，缺少感恩之心。试想，你关爱再多，能超过家长吗？"千万不要以为爱能包治百病，而且我再说一句可能得罪人的话：爱不属于专业能力（虽然它对于教师是必需的，非常重要）。……他们缺少的不是爱，而是理智，是智慧，是科学的教育观念和方法。"王晓春老师说。

很多班主任是认识不到这些的，例如，认识不到班主任做不了人类灵魂的工程师。

一、我们做不了人类灵魂的工程师

"教师是人类灵魂的工程师"是苏联加里宁提出来的。也是自他而始，教师被捧到了极高的位置。自然，广大教师也就把自己所从事的事业当作了构筑人类灵魂的事业，却往往看不到自己的种种不足。

从成长生态来看，教师的生活视野和思维视野都是有限的。曾经和某知名杂志主编交流，他说："教师如果要真正适合教育的需要，就要每隔一段时间去从事另一种职业，然后再回到教育的工作中来；只有多角度体会生活，开阔自己的眼界，才能做真正的教育。"这位主编的观点不一定科学，但是反映了一个基本的现实：教师的生活圈子狭窄。相对而言，教师接触到的不是"社会"生活，而仅仅是学校生活，这也就形成了教师"学校化"的生活视野和思维视野。这样的教师，恐怕难以培养具有宽广视野甚至国际视野的现代化人才。

从教师自身来说，教师的自身特征和知识视野不足以做人类灵魂的工程师。每个人都不是完美的存在，自然每个人都会有自身的缺陷。一名教师，尤其是班主任，如果不能正视自己的缺陷，却要用自己的形象或者自己理想的想象来塑造学生的话，您塑造出来的学生，或许不是教育所追求的相对完美、全面发展的学生。您的不足是会投射到您"尽心培养"的学生身上的。

作为一名教师，您能轻易地告诉学生该如何去做吗？或许正是基于此，郑杰老师才说："除了上帝，谁也没有资格告诉别人什么是正确，什么是错误。"因为您今天的肯定，可能就是明天的错误。所以，对教师（当然也包括班主任）来说，首要的不是拥有宗教般的教育热情，而应该是敬畏之心。因为"敬重"每一个生命，所以"畏惧"自己的行为会对学生造成伤害。敬，是畏的前提；畏，是敬的表现。

其实，"人类灵魂的工程师"本是斯大林对作家的评价，是对作家所从事事业的肯定。作家的事业是否高尚至这种程度，我们姑且不论，只是，教师真的能做"人类灵魂的工程师"吗？至少我不敢！

二、在基础教育中，班主任的作用没那么大

曾经在江苏省苏州市的一所小学讲课，交流中我问一位女教师："您认为您在孩子的成长过程中起多大作用？"她自豪地回答"举足轻重"。那时年轻，当场就回了句："微不足道。"就是这个"微不足道"让她拂袖而去，留给我一个愤怒的背影。

后来，我就此写文发表在《教育时报》上。不久，就收到了编辑部转发来的河南省一位朋友的质疑文字：

> 他那句"班主任在孩子成长过程中起的作用微不足道"深深地伤害了我和我的同行，更玷污了我所认为的崇高的教育

事业。

为了证明我对他的伤害,他对全县参加培训的老师和学校部分家长进行了调查。调查的主题是:"你认为班主任在孩子成长过程中的作用有多大?"调查结果如下:

参加骨干培训的教师(被调查人数497名):
认为不重要的占2%,认为重要的占68%,认为很重要的占20%,认为非常重要的占10%。
学校初中学生的家长(被调查人数326名):
认为不重要的占1%,认为重要的占55%,认为很重要的占31%,认为非常重要的占13%。

这个调查结果到底反映了班主任工作重要呢,还是反映了其他层面的东西?

下面,我们来看某研究机构对一个成功人士所需要的基本条件的分析。

一个成功人士需要具备的基本条件:

①良好的习惯;
②良师的引导;
③良好的自学品质。

我们一起分析第一个条件——良好的习惯。西班牙《世界报》曾有这样一篇报道:

幼儿园教育决定青少年一生

在幼儿园接受的看护和教育能决定一个青少年的性格特点，这是一个讨论不休的话题。

现在，一项研究也许能打消人们对这一点的怀疑。在人生最初几年接受的教育对人的认识能力发展、学业成果和行为举止具有长期的影响。

进行这项研究的是美国的一位博士德博拉·J.梁（Deborah J. Leong）及其团队。研究人员指出，以往幼儿早期教育的研究有两种不同的观点。许多家长和教育者认为，幼儿园教育能够在孩子进入学校之前促进他们的沟通和认知能力的发展。另一种观点则担心，在人生最初几年长时间由母亲之外的人照料，可能会阻断孩子与家长的情感联系，并可能导致行为异常。

从1991年开始，德博拉·J.梁和同事们对美国10个城市的1300多名当年出生的孩子进行了长达16年的跟踪研究。

分析结果显示，在最初4年接受幼教质量较高的孩子，随后的认知能力发展和学习成绩好于那些幼教质量较低的孩子。此外，幼教质量较好的孩子，在上学后更加遵守纪律，和同学发生冲突也更少。

（转引自2010年5月24日《参考消息》）

这个调查也支持了我们的传统说法，如"3岁看老"或"6岁决定一生"等。它证明了家庭教育（包括幼儿园教育）的重要性，证明6岁（或者7岁）之前，也就是孩子进入基础教育阶段之前的那段时间，对孩子的成长起着非常重要的作用。

科学研究也显示[1]，3岁之前是一个人大脑发育的重要时期。一个人出生时脑重量约有370克；第一年年末时，婴儿脑重就已经接近成人脑重的60%；第二年年末时，约为出生时的3倍，约占成人脑重的75%；到3岁时，婴儿脑重已接近成人脑重，以后发育速度就变慢了。脑科学和生命科学的研究表明，儿童的脑细胞组织到3岁就已经完成了60%，这时期的儿童脑部具有天才般的吸收能力。出生之后的最初几年是脑发育的关键时期。所以，孩子在出生后的两三年内，无论在生理和心理方面，良好的育儿刺激对大脑的功能和结构都有重要的影响。

为研究3岁在一个人一生中究竟起到多大作用，1980年英国伦敦精神病学研究所的教授同伦敦国王学院的精神病学家们进行了一项别具一格的调查研究。

研究者以当地1000名3岁幼儿为研究对象，先是经过一番调查分析，然后将他们分为5种类型：充满自信型、良好适应型、沉默寡言型、自我约束型和坐立不安型。到2003年，当这些3岁孩子都长成了26岁的成人时，卡斯比教授再次与他们进行了面谈，并且走访了他们的朋友和亲戚。这些3岁幼童的言行竟然准确预示了他们成年后的性格，这让卡斯比教授十分惊讶。卡斯比教授指出，一个人对3岁之前所经历的事情会像海绵一样吸收。这意味着孩子性格形成和能力培养的关键期就在3岁之前。这个阶段的孩子跟随什么样的人，接受什么样的教育，就将会形成相应的性格。由此可见，在孩子3岁之前的成长过程中，父母和幼儿园老师担当着不可推卸的重任。父母和老师只有深谙育儿之道，抓住3岁这一关键期，才能更容易赢得孩子未来的成功和胜利。

幼儿期（三岁至六七岁）是孩子习惯、性格、品行培养与定型的关键期，是儿童身心发展的关键阶段。这个时期幼儿所处的家庭环境、生

---

[1] 张兵. 3岁决定孩子一生[J]. 百姓生活，2010(7): 48-49.

活环境、学习环境如何，将会给一个人带来终生影响。一个人成年以后的价值观、性格气质、行为取向等，背后的动机往往跟童年的经历有关。由此可见，一个人未来的人生走向如何，很大程度上取决于一个人的幼年时期。

所以，幼儿时期的家庭教育才是学校基础教育的原点。良好的习惯更多的是家庭教育的结果。做基础教育的我们很难在这个"基础"上做出多少改变。

跨过第二个条件，我们先分析第三个条件——良好的自学品质。先不谈理论，各位朋友如果去观察身边的同事就会发现，教同一个学科的老师，甚至是同一所大学毕业的同班级的同学到了同一个单位，他们的工作成绩是有差别的。造成这种差别的原因何在？主观的自我努力程度不同而已。尤其是班主任，在所有的教育行为中，班主任起着很重要的作用，却没有"班主任学"，没有"班主任"这个专业。同样是"学业基础"空白的班主任，为什么有些人整天抱怨看不到希望，而有些人却做得有滋有味呢？主要是因为自我学习的状况不同而已。

其实，做教师的都知道，咱们现在用来教育学生的方式方法，是在中学里甚至大学里学习的，还是在实践当中慢慢积累和摸索的？特别是在大学里学到的心理学、教育学、教学法的知识，现在运用的还是那些知识吗？还记得您学的那些知识吗？当闭上眼睛思考的时候，您就会发现脑子里经常会一片空白，当下每一点儿进步似乎都是走上工作岗位后在实践中摸索、在摸索中思考、在思考中积累、在积累中向别人学习的结果。尤其是班主任，在开展班级事务的时候，有多少是大学里学到的呢？

在当代日本实业界，有"经营四圣"的说法。所谓"经营四圣"，是指索尼的创始人盛田昭夫、本田的创始人本田宗一郎、京瓷的创始人稻盛和夫和松下的创始人松下幸之助。在这"四圣"之中，松下幸之助被誉为"经营之神"，但他仅仅是一个连小学都未毕业的人；稻盛和夫也是一个名不见经传的学校的毕业生而已。是后天的努力成就了他们当下的成绩。

静心思考，就会发现：自学，原来如此重要；良好的自学品质原来如此重要。所以，联合国教科文组织把"学会学习"当作四大教育目的之一。一个真正能成就自己的人，往往是自学能力强的人。

如果学校教育的原点在家庭，而终点在自学品质的话，那么"良师的引导"仅仅是一个过程。

作为班主任，我们如何能够在学生的成长过程中留下自己的印迹呢？又何谈去引领学生的成长呢？

老子有言："上德不德，是以有德；下德不失德，是以无德。"这告诉我们，真正有道德的人出于本位自然，强调简单内在，所以表面上是没有"德"的痕迹的，而品德低下者总是忘不了自己是布施者，他的行为是外在的、形式的，因而是"下德"。同样，一个处处表现出"为学生"的班主任不一定是好班主任，真正的好班主任往往是"大爱无痕"的。

第二节　改变一个学生没那么容易

现在，我们从学生的角度来分析，看老师能否轻易地改变一个学生。

这是某杂志刊登的一个教育案例（有改动）：

> 班主任王老师发现小雯迟到了，他没有声张，因为他怕影响小雯的课堂情绪。
>
> 上午放学铃声响后，王老师看到小雯和其他同学一样要往

教室外面冲。他走过去轻轻地拍了拍小雯的肩膀："小雯，跟我到办公室来一下。"

到了办公室，王老师没有直接批评小雯，而是搬来了一张椅子。"小雯，你坐下，我们俩聊聊。"王老师用一种很温和的语气说。小雯没有坐，而是静静地站在旁边。

"小雯，告诉老师，你今天错在哪里了？"王老师的话依然很温和，没有一点儿批评的意思。

"我迟到了。"小雯的声音有些低，"老师，下次我再也不迟到了，我保证。"

王老师没有接她的话，而是顺手拿起放在办公桌上的茶杯。"小雯，你看这个茶杯，假设用它盛过人的大小便，再把它洗1000次，你会用它喝水吗？"小雯的眼神里有些疑惑，她不清楚老师想说什么。

"你别多心，只需要诚实地告诉老师就可以了。"

"不会！"从小雯嗫嚅的声音里，王老师感受到了小雯的迷茫。

于是，王老师语重心长地说："是啊，人这一辈子也一样，如果你犯了一次错误，哪怕你认为是微不足道的错误，那也是抹不去的污点。哪怕你以后想用1000次的正确去抹掉这个污点，都无法抹去。因为它总会在别人的心里留下一个印迹，人们会说，这是一个怎样怎样的人……"

王老师的话还没说完，小雯的脸涨红了，头也垂得低低的。王老师知道，小雯懂了。当一个孩子懂得了自己的错误之后，老师不必再批评。

从此，这个孩子再也没有迟到过！

尤其是最后那句："从此，这个孩子再也没有迟到过！"多么理想的教育效果啊！但是我们细细想来，如果都能像这个案例那样"再也没有"的话，教育就简单多了。学生迟到可以拿起这个杯子，学生撒谎可以拿起这个杯子，学生打架可以拿起这个杯子，学生不交作业可以拿起这个杯子，学生迷恋网游也可以拿起这个杯子……改变一个学生真的有这么容易吗？

孙绍振教授在《文学性讲演录》一书中针对儿童的心理说过这样一段话：

> 一个人的心理结构，其内在的结构，从表层到深层都具有相当的稳定性。即使外部条件有了某些改变，例如父母的责备、老师的鼓励等等，人物的心理在表层上也可能做出一些调节，例如痛下决心、用功读书之类，但是其深层是超稳定的，表层的一般调节不会影响到深层的稳定。因而表层的调节，尽管是真诚的，但不用多久，就会被深层结构的反调节所消解。

很多时候"教育成果"其实只是瞬间的触动，时间会消解这种"教育成果"。因为学生内在心理结构的稳定性具有较强的反调节能力，而一次教育的效果，哪怕学生当时痛哭流涕，那也很可能只是一次表层的调节而已。正如我们拉橡皮筋，它有弹性，每一次拉它都是一次表层的改变，一旦松手，又会回归到它原始的情况。学生的这个心理事实就决定了要改变一个人很难。所以，不能夸大教师的教育能力，尤其不能夸大一次教育的效果。

曾经问过很多班主任：你怎么看待"班主任的一个眼神、一句话就可以影响孩子的一生"这句话？最怕听到的就是"我相信"三个字。这三个字往往会导致教育悲剧像杂草一样丛生。

从心理上改变一个学生不容易，那么从教育的手段上看，是不是容易改变一些呢？

下面是德国《图片报》的一则报道：

关于教育神话的真相

当家长的都希望自己的孩子出类拔萃，眼下为父母提供的育人建议也是浩如烟海。其中哪些是正确的呢？

多年来，人们一辈辈地传授说，好孩子是夸出来的，但是事实并非如此。

如果人们经常对一名学童说："干得好，你真聪明！"这样做极易导致他的学习成绩越来越差。

为什么这么讲呢？

一个美国课题组对400多名五年级学生进行的调查结果显示，那些被夸"聪明"的孩子都倾向于不接受艰难的任务，因为他们知道，只有当他们取得好成绩时才能获得承认。

鉴于每项挑战都有可能失败，因此这些学生会干脆避免接受新的任务。对此，教育专家提出了有针对性的建议：对儿童称赞的重点应该放在他们所付出的努力上，而非结果上。只有这样，才能减轻孩子们对出错的恐惧心理，才能令他们积极地去接受新的任务和应对新的挑战。

（转引自2010年5月24日《参考消息》）

在赏识教育大行其道的时候，很多学校领导要求老师们一定要赏识学生的时候，他们是否明白应该赏识学生的努力，而不应该赏识学生的聪明、漂亮与好的结果？因为聪明与漂亮是先天的优势，而不是值得炫耀的资本和技能；结果是定性的存在，而不代表过程的付出。但努力则不然，它是学生后天的行为，应该予以肯定。老师们是否明白该如何赏识？当赏识和表扬泛滥的时候，当学生对赏识有了"免疫力"的时候，赏识还能有多大效果呢？

很多时候，我们看好的教育手段其效果往往并不好。

此刻，我们回过头来再说说"爱"。有人认为，只要爱就可以改变学生，就能实现自己的教育目标。安徽某中学的一位校长就曾在学校大会上说："再差的学生，只要我们对他爱，爱，爱……不信就爱不好他！"但是，您爱过之后是不是经常有恨铁不成钢的感受？是不是有自己的爱白费了的感受？

某机构就曾做过这样的调查：

他们找了100名优秀教师，问："你们热爱学生吗？"结果100%的老师回答"是"。然后，又在这100名教师所教的学生中进行随机调查："你的老师爱你吗？""你体会到老师对你的爱了吗？"学生的回答令人大吃一惊，仅有10%的学生说老师确实爱他们，绝大多数学生说"没感觉"！

痛乎？悲乎？但这就是现实。

因此，无论从学生的心理状况还是通常的教育认知来看，改变一个学生都没那么容易，教育也不是那么简单的事情。班主任接手一个新班级后，通常会雄心壮志地说"我要如何"或者"我能如何""我要把学生引领到什么地步"等，这时，是否应该认真考虑一下"我的做法是否正确，我的作为是否真的有利于学生的发展"呢？

教育中，"我该做什么"真的很重要。

第三节 班主任要给学生平台和力量

基于以上分析，我们会发现，教师以一棵树的形象站在那里，告诉学生该如何如何做，似乎是行不通的。因为我们做不了大树，做不了学生前行的路标。倘若我们放低身姿，用仰视的眼光看待学生，就是"敬畏学生"了吧。

是的，敬畏学生。

但是，只是敬畏而无力量，要班主任何用呢？所以，我一直不喜欢"静等花开"这样的语词。如果您播下的是种子，等或者不等，它都可能开花；如果您没有播下种子，等或者不等，它都不会开花。

作为班主任，我们该给学生什么呢？

如果学生是种子，那首先该给的是土壤吧？

如果仅仅给予了土壤就"静等花开"，也是悲哀。因为您"静等"或者别的什么人"静等"，结果都是注定的。既然您是教师，是班主任，就有责任让种子长得更好，让开出的花更灿烂。

最起码，得为种子提供点儿肥料吧。因为只有提供了肥料，种子才能长得更好。提供肥料才是让种子更好地成长的最好的支持。

教育不就是要让每个学生更好地成为他自己吗？那么，作为班主任，我们该做的就是为学生的成长铺设平台，提供动力了。

如此，班主任就是好班主任，学生就是好学生，教育就是好的教育了。

那么，如何在实践中落地呢？

请看第二章。

第二章

为学生的成长搭建动起来的平台

面对班级里层出不穷、变化多端的事故,班主任总是疲惫不堪。是否有一种途径,可以不让班级发生各式各样的事故呢?

在寻求落地途径的过程中，和很多朋友一样，我也意识到了班主任"管理"班级的种种缺陷，更意识到了学生发展机会不平等以及不能让学生个性特长发展最大化等弊端。

所以，我在思考：

有没有一种班级生态可以让每个学生都获得均等的发展机会，让每个学生的心灵都可以自由伸展？

有没有一种班级生态，让每个学生个性特长都得到最大限度的发展，真正落实因材施教？

有没有一种班级生态，可以让班级"不再"发生"事件"，而把班主任从不断处理班级的大小"事件"中解放出来？

基于以上思考和对班主任自身价值的认知，我摸索出了班级委员会制度，目的在于搭建让学生动起来的一个个平台。

在谈"平台"之前，我先说说"动起来"。

第一节 "动起来"让班级不生事端

一、让学生动起来

魏文王问名医扁鹊："你们家兄弟三人，都精于医术，到底哪位最好呢？"

扁鹊回答："长兄最好，中兄次之，我最差。"

文王再问："那为什么你最出名呢？"

扁鹊回答："我长兄治病，是治病于病情发作之前。由于一般人不知道他事先能铲除病因，所以他的名气无法传出去，只有我们家的人才知道。我中兄治病，是治病于病情初起之时。

一般人以为他只能治轻微的小病，所以他的名气只及于本乡里。而我扁鹊治病，是治病于病情严重之时。一般人都看到我在经脉上穿针管来放血，在皮肤上敷药等大疗法，所以以为我能治大病，医术高明，我的名气也因此响遍全国。"

教育的现实是那些处理班级"事件（事故）"水平比较高的班主任，往往成了"优秀班主任"，那些带后进班级的班主任也更容易成为优秀班主任，而那些能够把班级"事件（事故）"处理在萌芽状态或者根本就不让班级发生意外事故的班主任反倒成不了"优秀班主任"。

似乎很荒谬，但这就是现实。

老子说："国家昏乱，有忠臣。"意思是说国家陷于混乱，才显出所谓的忠臣。如果用此来关照班主任工作的话，是否可以说，正是因为班级事故的层出不穷，才有了"优秀班主任"呢？如果优秀班主任的出现必须和"事件"相关联，这似乎是教育的悲哀！正如警察成为福尔摩斯的前提是我们这个社会动乱不堪，这不就是莫大的悲哀吗？如果社会风平浪静、国泰民安，宁可不要任何一个福尔摩斯，宁可这个社会不存在警察！

正是因为存在这种错误思维，很多班主任总是在寻找解决问题的方法，于是"管理技术""带班妙招"之类的书籍就成了畅销书；于是很多人听专家报告总是想学取一招半式拿过来用。也常常听很多老师抱怨："那些大学教授讲的是什么玩意儿，还是一线专家讲得更实用。"正是这种思维限制，使班级工作治标不治本；殊不知，方法再多也多不过个性越来越多样化的学生带给老师的越来越多样化的"麻烦"。

您一定会问，真有不让班级发生"事件（事故）"的方法吗？

您想想，有没有？您的学生犯了错之后，把学生叫到办公室或者其他地方您对学生说的第一句话是不是这些——"没事不能干点儿正事啊？"或者"没事就知道给我惹事！"

是的，您经常这么说！

其实，您的话语里就暗含着最朴素的真理——学生有事做的时候才不会给你惹事。所以，应该让学生有事可做。"动起来"的第一层含义就是：让学生动起来。

教育家杜威（John Dewey）认为，教育中永远成功的方法就是给每个学生一些事情去做，而不是给他们一些东西去学。我们常说"无事生非"，就是说一个人没有事情做的时候，他总会惹出乱子。因此，避免"乱子"出现的最好途径就是让学生有事做，教育的基本途径是让每个学生都动起来。

（一）"动"可以消除班级的"动乱"之源

人的成长有一个成长合力存在，一旦这个力量发散了，学生就容易惹是生非。

成长合力对学生自身来说，是指能够促进他们自身发展的所有因素之和，包括他们的主动性、创造力、注意力和发展潜力等要素。我们所主张的"动起来"，就是追求把学生的主动性调动起来，把学生的创造力激发起来，把学生的注意力集中起来，把学生的发展潜力挖掘出来。而能够做到这一点的根本方法就是让学生"动起来"。

从心理学角度看，人在"动"中是不容易分散自己的注意力和精神力的，"动"是集中学生成长合力的最重要的手段。从生活的实践角度看，无事就可能生非。人在有"正事"可做的前提下才能集中成长合力，做该做的事情。这样，也就少了些"闲事"。对班级来说，也就根除了"动乱"的根源。因此，我们主张"动"就是为了让"动"的可能结果吸引学生的主动性，让"动"的过程点燃学生的创造力，让"动"的交互集中学生的注意力，让"动"的行为发展学生的无限潜能，让"动"根除班级的"动乱"之源。

（二）"动"可以点燃学生的"边缘发展区"

不少老师问我"我们班某某一点儿也不学习，怎么办？""某某性格内向，容易走极端，怎么办？"之类的问题，我总是回答说"我没有办法"。正如一个学生不想学习，你偏偏苦口婆心地给他讲述学习的重要性，甚至父母的不容易，就业难度大等问题，或者干脆就是"用心地"给学生补课。殊不知，你的道理他根本听不进去，因为对他而言这是遥远的事情，而给学生补课也只能导致他愈加讨厌学习。

有两个关于司机的故事：

> 一个司机看到收费站的姑娘很漂亮，想交个朋友，于是在姑娘向他收费的时候，他向姑娘要电话号码。这边姑娘不给，那边司机不走，结果导致姑娘对司机反感，从而叫来警察把司机的车拖走了。

> 一个司机看到一女交警漂亮，想交个朋友，于是故意在交警执勤的地方违章，故意被罚款。一来二去，两个人就熟悉了起来，最后女交警成了司机的妻子。

一样的目的，两样的结果，就是因为两个司机一个懂得迂回，而另一个却直奔主题。迂回的达到了目的，直接的徒增别人反感。教育也有一种手段叫迂回，问题出现了要尽量避免直接扑向问题，而要找到一个边缘存在，通过这个边缘存在来激活学生，因为任何一个学生的内心都有向上的欲望。而发现边缘存在最好的方法就是，让这个学生先动起来。只要能动起来就能够让学生感受到收获，感受到收获就能够让学生拥有自豪感，而自豪感就是一个人继续前行的动力。有了动力就能够继续创造进步，持续不断的进步就能够获得别人的赞许；有了别人的赞许，他就能赢得尊严。人一旦有了尊严就会有维护尊严的动力，有了维护尊严的动力，他就会在各个方面要强，他的灵魂就会被激活。灵魂被激活了，人就站起来了，就不会有"疲沓""不学""偏激"等问题学生出现。因此，拯救灵魂最好的途径就是让学生动起来。

（三）动是为了生命的真正智慧

动是生命成长的需要，是为了激活生命的本源；而生命的本源是静，是精神的复归。老子曰："夫物芸芸，各复归其根。归根曰静，是谓复命。复命曰常，知常曰明。"而"复归"就是返回生命的本根，清静即为复归于生命。复归于生命就叫自然，认识了自然规律才叫智慧。当学生因为精神的荒芜而静时，我们需要用动来激活，灵魂被激活之后，就需要用动而复归到精神富足之后的静。所以，从源起而言，动是为了能静，而静趋归智慧，乃是为了更好地动。

有些朋友可能会问：学生干完了安排给他的事情之后，不还是没有事情可做吗？他不一样可以惹是生非吗？

二、让学生时时刻刻动起来

是的，学生做完一件事情后，依然可以"无事可做"。"动起来"的第二层含义就是：让学生时时刻刻动起来。只有时时刻刻动起来，学生的心灵才会被"动"填满，才会没有太多的空闲来惹是生非。

可能会有朋友继续问：我怎么可能让学生时时刻刻动起来呢？

从教育研究角度来说，"怎么让学生时时刻刻动起来"是需要班主任研究的课题，不是一个可以给出确切答案的问题，它是研究的方向，不是研究的归宿。

从教育理念认知来说，班主任要理解"动"的基本内涵。如果把"动"仅仅理解为音乐、体育等活动，那就是片面的。时时刻刻的活动，可以有身体的活动，但更多的应该是精神的活动、思维的活动、心灵的活动。

现结合我班的语文学习情况，谈谈如何让学生时时刻刻动起来。

备课活动。以班级委员会（下一节会详细介绍）为备课单位，将教材中的讲读课文分解到每个委员会，让大家集体备课。老师负责将不同委员会做的同一篇课文的教案进行组合。在备课活动中，学生可以查任何资料，但绝对不允许从网上抄袭别人的教案。因为不同委员会做同一份教案，为了凸显自己委员会的备课水准，以及在老师组合教案时采用自己那份教案的比例尽量高，学生会将集体的智慧发挥到极致。他们会在解读文本时查找各种资料，力求自己的解读别具一格；在提出问题时会尽量精巧而有张力；在设计教案时尽量使问题分类科学、排列有致；在设计作业时尽量精准、答案完美……这个环节，学生在一篇课文上会花费相当大的精力，他们需要"动"很久。关键在于，建立在良性竞争基础上的"动"，给学生带来的不是负累，而是幸福。

上课。上课是老师的行为，但教案组合了学生的备课成果。老师在做课件时会把哪个问题是由哪个委员会提出来的附在问题后面。这样，在上课时，提出问题的学生会因为问题是他们提出来的而感到自豪，而其他学生在听课的时候，就不完全是"听从"的心理。因为问题是同学们提出来的，其他学生就会用批评的眼光听课，他们会指出这个问题提得好不好，答案是否完美。于是在课堂上各种争论就会产生，因为争论，课堂的深度和广度就会大大提升。

作业与批改。作业是老师组合的学生的教案中"作业设置"一块的内容。我们的作业量很少，每天基本不会超过20分钟便可完成。作业是以委员会为单位完成的，每个委员会在做作业之前会讨论问题的答案，大家共同完成一份作业。也就是说，这份作业是集体智慧的成果。作业完成后，委员会之间交换批改，其他委员会的答案可能和自己的答案不同。于是学生在批改后就会思考答案的来源、答题规律等。这样，一次作业会有多个层面的思考碰撞。

在整个语文学习的过程中，大家能够感受到学生的学习激情与收获。如果每个学科教师都让学生这样去做，他们的学习效果不是可以大大提升吗？他们不是在时时刻刻地动吗？

诚然，这个过程，填不满学生所有的空间，因为还有其他类型的活动。我们也都知道，无论我们怎么处理，都不可能填满学生的所有空间，也不应该填满，但我们可以肯定的是那种无事生非的"无事"空间是可以被填满的。

从2017年开始，我让学生上课，自己成了坐在下面的听课人。当然，对学生未讲到或者讲得有错误的内容，我还是会上台补充或纠正的。

当然，我列举的语文课堂的例子有些特殊，您大可不必采用。我相信您会有更多的智慧让学生时时刻刻动起来。

三、让学生快快乐乐动起来

可能不少老师又会问：你这么做，尤其是长期这么做，你的学生不会感觉累吗？这个问题的确很重要。"动起来"的第三层含义就是：让学生快快乐乐动起来。

只要我们设计到位，让学生动起来甚至时时刻刻动起来，都不是难事。但任何事情都有它的局限性，从心理学角度看，人长期从事一些单调、机械的工作和活动时，伴随着肌体生化方面的变化，中枢局部神经细胞就会由于持续紧张而出现抑制，致使人对工作、生活的热情和兴趣明显降低，直至产生厌倦情绪，这就是我们常说的心理疲劳。

结合老师自身，其实让学生快快乐乐动起来并不难。每个老师都知道，让自己快乐的基本因素是有收获，是成就感。班主任只要抓住这个核心，让委员会的活动具有实效，让学生切切实实感受到有收获，就能够让学生快快乐乐动起来。这是内在的驱动，诚然也有外在的"诱引"，例如展示活动等，后面将结合班级委员会的运行详细介绍。

很多老师做了班主任之后，往往是"兵来将挡，水来土掩"，不知道将工作做到前面；总是在苦苦寻求解决问题的方法，却没有想过如何不让问题发生。例如学生心理问题，不能等学生出了心理问题再来解决，而应该努力寻找不让心理问题出现的方法。有人说，今天的麻烦我们永远解决不完，我们要解决的是明天的问题。其实，班主任只要明白了自身的价值，为学生的成长搭建动起来的平台，就一定可以走出一条很好的发展道路。

第二节 班级委员会让学生蓬勃发展

一个个让学生时时刻刻、快快乐乐动起来的平台，既可以不让班级发生事故，又可以让学生有实实在在的收获，从而进一步促进班级的良性循环。

那么，平台要如何搭建呢？它们又需要具备哪些特征呢？

这里谈谈我所实践的班级委员会。

一、班级委员会建立的前提

在很多地方和朋友们交流的时候，总有不少朋友喜欢抄课件里几个班级委员会的名称。我总是告诉朋友们不要抄，因为您的学生和我的学生不一样，所以您在班级构建的班级委员会的数目和名称就不会一样。这就是说，构建班级委员会时，一定要对班级学生的基本情况进行详细了解和分析。因为搭建平台的目的是让学生在这个平台上通过"动"发展个性特长，达成当下班级授课制状态下的"因材施教"。

周国平先生在《教育的七条箴言》中说:"教育即生长,生长就是目的,在生长之外别无目的。"生长即发展个性,成全可能。卡尔·威特(Karl Witte)说,发展个性特点的最佳途径就是儿童在活动中完成。因此,让学生在"动"中舒展心灵、张扬个性是教育应该走的路径。从心理学角度看,个性张扬最核心的因素是行为个体的行为愉悦所带来的行为趋向。简单来说,就是个人由于喜欢从而积极主动地参与才是张扬个性最有效的方法。

所以平台搭建必须在分析学生个性特点的基础上进行;同样,平台选择也必须尊重学生的自主权并符合学生的个性特点。

成长的过程应该是幸福的,学习的本质也应该是幸福的。只是教育的短视和实际操作中的理念限制,往往使得成长成了负累,而学习也成了苦差事。班级委员会平台的搭建就是力图还原成长的幸福和学习的幸福,主张学生享受"动"的丰富性和充分性,让学生在发展自我爱好特长的基础上感受参与的快乐和收获的幸福。

需要特别提醒的是,将工作做在前头是每一个班主任应有的思维,但是并非每一个班主任都懂得"前头"的含义,绝大多数班主任总是刚刚接手一个班级就想让班级"五脏俱全"。

其实,这是大错特错了。如果一个班主任不了解班级的基本状况就草草下手,往往会导致后期的工作很被动。例如,你临时指定了几个班干部,后来却发现个别班干部不太称职,此时如果不撤职就会影响班级的发展,而撤职就会影响个体的发展。教育的目的是让每个学生都获得最大限度的发展,所以两难的境地往往会让班主任无所适从。将班级工作做在"前头",就是要对每个学生的基本状况进行了解,在了解的基础上开展工作。"知己知彼",方能"百战不殆"。

了解学生的方法有很多,例如观察法、问询法、调查法、数据分析法等。我主要采取的是观察的方法,以及另外两种方法:前置表格和主动申请。

前置表格可以从家庭成员信息、学生的爱好特长、学生印象最深的事、学生最懊悔的事以及班级成绩预估等方面进行设计，目的是帮助班主任更好地了解学生。当然，这个比较笼统，最好能和观察结合起来。主动申请，即班主任可以根据以往的经验，预设成立哪些班级委员会，制订好粗略的行动章程，让学生根据自己的基本情况申请加入。

了解学生特点，是为了让每个委员会都成为学生自愿参与的平台，因为自我喜好，学生的个性特长才可能得到充分发挥。正因为委员会内部每个成员都有近似的爱好特长，他们凝聚在一起，才能够智慧共享，让自己的特长更加优化，诚然，也将获得更大的成就感。这是确保委员会运行顺畅和在班级授课制的现实生态中落实因材施教的好途径。

二、班级委员会的基本特征

根据班级具体实际和我们的教育理想，我认为平台搭建需要具备以下几个特征。

（一）多样性

因为每个学生的生长环境不同，性格、兴趣、爱好、特长等都不同。在现行班级授课制背景下，如若让每个学生的特点都得到伸展，甚或蓬勃地伸展，就必须根据学生的特点搭建不同的平台。只有基于不同特点搭建不同的平台，才能让每个学生发展的理想成为现实。而搭建多样化平台，就是根据班级每个学生的不同性格、兴趣、爱好和特长等，在人数相对保证的前提下提炼出来不同发展方向、不同发展目标、不同运行机制的小舞台。

曾经带过一个班，学生分为文科生、理科生、艺术生，每个学生的性格、兴趣、爱好、特长等各不相同。经过一个多月的观察，我对他们的基本情况进行了分析和综合。分析是综合的基础，综合是为了把班级的现有资源充分利用起来。之后，我在班级组织成立了班级学习研讨会、班级荣誉委员会、班级文化艺术委员会、班级设计宣传委员会等。此后我带班的时候还成立过班级人文研究会、班级商务委员会、班级科技委员会等。无论怎样的委员会，都是基于学生的特点，都是为了学生的充分发展。委员会的名称叫什么并不重要，重要的是要适合学生的发展，为了学生的最优化发展。

（二）平等性

教育的平等，不是受教育的机会均等这么简单，在同一个集体内部，学生的精神平等和心理平等至关重要。在传统"管理"或者"建设"的班级理念支配下，学生之间事实上是不平等的。学生在这类班级中受老师重视的程度不同，得到的锻炼机会不均，自然也就导致学生的发展机会不一、发展程度不同，学生在这样的班级里心理和地位也是不同的。班长甚至小组长得到的锻炼机会较多，他们会有一种相对的心理优势。而"群众同学"则少了些锻炼的机会，会有心理的相对压抑。在一个精神和心理不平等的集体里，无论教育均等的口号喊得多么响亮，事实却是不均等的。

班级委员会不等同于简称的班委。在班级的具体运行中，为了使班级每个成员的心灵得到舒展、能力得到锻炼，我们规定每个委员会由常委和委员组成。常委是本委员会活动的组织者，而不是超越委员之上的管理者。委员以组织、服务为基本指导思想，每个委员也都以服务本委员会的活动为基本指导思想。如果委员感觉到常委不能够有效地组织本委员会的活动，就有权随时更换常委，不需要告知班主任和请示任何人。委员会常委的组织权力只限于本委员会内部，不同于通常班级制度下的班干部——他们通常对班级的任何一个角落都可以指手画脚。常委的权限仅仅在于组织委员会内部的活动有效开展，各个委员会常委之间也不具备交叉的管理关系。这个委员会的常委对其他委员会的委员没有任何权力，只是一个普普通通的同学而已。这样，就在心灵空间上给了每个学生相同的待遇。在几个委员会的常委之间，也不具备一如班长、副班长等班干部之间的协作关系，他们是相互独立的"行政单位"。正是因为没有"等级制度"的存在，所以每个成员都可以尽情地展示自己，而不是慑于班干部的"权威"不敢发言、不敢表现，等等。这样不仅仅使学生的个性特长得到充分展示和发展，也使他们的心灵得到舒展，这是培养健康人格的有效选择。

如果班主任带的是较好的班级，设置班干部还比较好执行。如果带的是较差的班级，尤其是班级里"小霸王"较多，就算设立了班干部，他们也不会很好地执行班干部的指令，而班级委员会制度，既有效地避开了此种困境，也使学生充分地发展自我成为可能，一举两得。

（三）集中性

平台搭建的前提是尊重个性，但尊重个性不是让每个人都由着自己的性子做事，而是让大家为了更好地发展这个团队，从而更好地发展自我而凝聚在一起。只有大家凝聚在一起，这个团队才能走好，大家在这个团队里才能够取长补短，才能够因为抱成团而形成较强的力量，进而开展更加广泛和有效的活动。

这个"集中"，是共同发展的需要，也是为了更好地发展。一个团队的良好运行，需要每个人都贡献自己的力量。只有每个人都充分发挥自己的潜能，这个团队才能有效、高效地运行，每个人也才能在相互合作和分享中获得最大限度的发展。从班级层面讲，虽然各个委员会是独立的，但在面对全校层面的时候，班级还是一个统一的单位。因此，还需要有班级的相对集中。班级层面集中的达成，是需要广泛借力的。用自我独特的行为迎来别人的赞许，用别人的赞许赢得班级学生的自豪感，进而形成班级凝聚力，这是凝聚班级的重要途径。

因为具备这三个基本特征，班级委员会给每个学生的成长提供了不同的舞台，如果再能够很好地动起来，我们相信，每个学生的生命都会得到蓬勃发展。班级委员会制度，应该是比较理想的班级运行生态。

关键在于，如何让平台更好地运行下去。

第三节　平台运行的三个基本要素

搭建平台，或许不是什么难事，能否让平台动起来，则是整个班级运行机制成败的关键。

现将我的一些思考和做法分享给读者朋友们。

一、明确的活动目标

江苏省语文特级教师丁卫军先生说，人的成长需要两种东西：一是成长的方向，二是成长的动力。活动目标是激发人前行的最初动力。一个教师在学生成长过程中"承担"的应该是土壤和化肥的作用，而不是以一棵树的形象站在那里告诉学生应该怎么长。所以，在构建平台之后，很重要的一项工作就是为平台发展设定理想的目标，用理想的目标引领每一个委员前进。

苏霍姆林斯基指出，用环境、用学生自己创造的周围情景、用丰富集体精神生活的一切东西进行教育，这是教育过程中最微妙的领域之一。在目标引领下，班级就会形成追求目标的氛围，这种氛围又会进一步促进目标的达成以及平台的顺畅运转。

例如，在班级学习研讨会中，我对所有成员这样讲：

你想过用最简单的方法取得优异成绩吗？你相信可以用两年时间创造高考奇迹吗？或许你不相信，你认为这是天方夜谭。但是，我告诉你，初二那年，我曾经在总分100分的语文考试中只得60多分，在总分100分的英语考试中绝对考不过40分，而总分120分的数学，我只能考0～20分。或许你不相信，就是经过初三一年的努力，我考上了我们县最好的高中。而那年我们学校能够考上这所高中的仅仅只有8个人。我用了一年时间，而我们距离高考还有两年。只要你愿意，我就有办法让你创造奇迹，我也相信大家一起努力能够创造奇迹。

其实，学习是一件很快乐的事情。成立班级学习研讨会的目的就是要探究快乐的学习途径，就是要创造在快乐中赢得奇迹的梦想。

例如，在成立班级人文研究会的时候，我曾经对他们说：

如果你想拥有一生都有用的东西，如果你想在未来的竞争世界里独占鳌头，那么你就应该去研究哲学的东西，因为哲学是一门智慧的学科，是一门真正能锻炼人的思维能力、提升自我思维品质的学科。而历史则会教会你如何在生活中寻找智慧。哲学和历史相结合的班级人文研究会，就是一个可以让你的成长从现在延伸到未来的舞台。

美好图景的设置，可以让每一个梦想还没有泯灭的学生胸中燃烧起一团火焰。在这样一种美好愿景下，每个成员都会积极参与，主动探索。他们起初就是因为爱好而选择这个委员会的。这是凝聚团体和发展团体的关键。

当然，由于当时我所带的班级基础总体较差，学生的学习动力普遍不足，于是目标的设定主要是由我这个班主任完成的。如果您所带的班级基础较好，可以让委员会成员提出、论证目标，拉长目标的设定过程。注意，拉长这一过程是关键之一，因为这有利于形成共识，凝聚委员会成员的心。

二、明确的活动理念

要想使平台良好运行，必须有明确的活动理念，它是形成向心力的根本。具体到班级委员会的运行，需要三个关键支撑。

（一）合作共享

这是侧重于从委员会内部来讲的。上一节谈过，同一个委员会内部，常委是为更好地组织活动和发展大家的能力服务的；而每个委员贡献出自己的力量和智慧，既是为委员会服务，也是为每个委员服务。只有相互服务，共同分享，大家所处的这个平台才能运行好，大家才能发展好。

（二）良性竞争

班主任面对学校对纪律、卫生、路队、课间操、眼保健操、早读等各项内容的考核，往往手足无措，劳累不堪。其实，只要班主任把这些交给学生，他们往往就能够创造无限精彩。想要让学生做到最好，就需要他们之间竞争。班级委员会的好处就在于竞争是集体与集体之间的竞争，是良性的竞争。而且在良性的竞争中几个委员会不似常规班委中的小组，各项活动的分配不是固定到每个委员会的，活动任务的获得是竞争的结果，谁能竞争到，谁才是这项活动的执行者。这样，学生就会将"任务"转化为"荣耀"，由传统的被动接受任务，转化为主动为荣誉而工作。这样，整个班级就会充满生机与活力。

例如，我曾召开过一个题为"让卫生成为第一张名片"的小班会。首先，我讲：

开学以来，我们班每一项措施都能引来别班奇异的目光，都以为我们在瞎搞。我想问大家：我们是在瞎搞吗？你们有没有切实感觉到进步和幸福？（学生们异口同声："感觉到了！"）是啊，在我们不断收获进步和幸福的同时，为什么别人还投来奇异的目光呢？就是因为虽然我们改革的步伐很大，走得也很坚决，但我们还没有一项工作让他们发自内心地去佩服。因此，我们需要一张名片，一张可以让班级在短期内就能拿第一的名片。现在请各个委员会讨论一下：我们哪项工作可以拿到第一名？5分钟后汇总结果。

结果可想而知——除了学习成绩，他们感觉哪项都可以拿第一。于是5分钟后每个委员会都举起了手，什么答案都有。于是，我接着说：

这么多项目都拿第一，是不可能的。我想请大家想清楚：到底哪项可以确保拿到第一名，从明天起就可以拿第一名？大家再讨论5分钟。

结果还是一样。但为什么我再让学生讨论5分钟呢？这是建立在心理学基础上的工作艺术：越是想激发学生的求胜欲望，就越是要先压制他们。

在讨论无果的情况下，我提出来要拿卫生第一名。请注意：当讨论无效时，就需要班主任站出来说话，这是提高效率的有效选择。

我们选定把卫生作为班级的第一张名片，哪个委员会能够为我们班来争这张脸，为我们班争得第一个第一，就是班级的第一个功臣。明天班级外的红纸上将书写上这个委员会的大名和每一个成员的名字，以表示对他们的敬意。

现在，请各个委员会先讨论5分钟，看哪个委员会能真正下定决心，也有能力为我们班级争得第一份荣誉。

这种似乎只需要体力的工作是没有哪个委员会认为自己不行的。5分钟之后，学生纷纷举起了手。此时，班级的整个情绪也被调动起来。

虽然每个委员会都举起了手，可我还想再压一下他们的情绪，当然也是为了进一步调动他们。于是，就让他们各自再讨论了5分钟。这个5分钟之后，学生可以说已群情激昂了。但举手的依然是所有委员会。于是，我就指定了班级荣誉委员会来做这件事，尽管其他委员会愤愤不平。

我知道，其他几个委员会都不服气，我相信你们不会甘心落后。所以，我也请大家拭目以待：如果他们明天能拿第一名，我就在门外的大红纸上大书特书。如果他们没有拿第一，对不起，请下台，那就应该让更有实力的委员会上！

这样既安抚了其他委员会，也把班级荣誉委员会逼到了非拿第一不可的地步。其实，无论第二天的结果如何，班级的卫生一定会有长足进步。事实是，班级荣誉委员会第二天没有能够取得第一名的成绩，因为他们不了解哪里是卫生死角，德育处检查卫生的人恰恰重点查死角。

那次我们班取得了第二的好成绩，尽管很好，但接下来班级荣誉委员会的学生还是被"赶"下了台。接下来的委员会上台，自然就取得了第一的好成绩。这样就形成了良性循环，能拿第一继续干，不能拿第一就换人。这样一来，班级的常规工作也就慢慢都有了起色。因为班级的评价是针对集体而不是针对个人的，所以即使被"赶"下台学生也不会有挫败感，相反会将不良的情绪消释在集体中。这也是班级评价机制的一次改革，因为针对个体的评价往往会有很多负面的影响，例如，表扬一个人有时会打击很多人，批评一个人有时会使其形成挫败感，等等。

班主任不仅仅要应付这些常规检查，还有班级墙报、班会、家长会等事情要做。在具体操作过程中，例如墙报，我会调动学生的竞争心理，让每个委员会都设计一个方案；哪个委员会的方案好，我就采用哪个委员会的方案。这样就将"任务"转化为了"荣誉"，把学生的被动心理转化为了主动争取。结果是总能把班级做某项工作的较高水准拿出来。

例如，年底的家长会，为了将家长会开出实效，开出创意，我们将家长会的策划任务分配到各个委员会，让他们各自设计方案，最后竞标。经过一周的酝酿，最后采取的是班级文化艺术委员会的设计方案。方案如下：

高二（3）班第二次家长会方案

主题：相信我们，能行的

（点评：这是一个学生向家长表露心迹、给家长树立信心的家长会，可以说是个独特的创造。我们的家长会，谁关照过这个层面呢？）

时间：12月12日 13:00～17:00

地点：教室

形式：展示交流

策划：班级文化艺术委员会

流程：

［第一个板块　向您汇报］

目的：向家长汇报我们半个学期以来取得的进步，给家长树立信心。

原因：曾经，我们被人看不起，也让家长伤透了心，要让家长相信我们能行。

活动形式：

①每个学生用两句简短的话自豪地表达自己的进步。

②班级荣誉委员会的常委介绍班级获得的荣誉和具体进步。

③班主任介绍班级所开展的工作和成效，以及对未来的展望。

（说明：这次家长会上，我着重向家长表达了两层意思。一是我上学时曾经被老师看不起，我懂得被老师看不起的滋味，我不会看不起我的学生。二是我曾经是一个被老师放弃过的孩子，我不会放弃我的学生，因为我是通过自我奋斗获得成功的，我要激活每个孩子的奋斗因子。这是拉近家校关系的一个基本条件，也是一份承诺。）

④各科任老师从学科角度，谈谈班级的进步。要尽量从个性发展和做人角度谈，淡化分数。

⑤小品表演：《弃儿奋斗记》。以小品的形式表达我们不灭的情怀。

（点评：这个小品表演具有前瞻性和震撼效果，尤其是能触动对自己的孩子都不抱希望的家长。）

[第二个板块　真情告白]

目的：向家长表达决心，让家长相信我们的耐性。

原因：取得一点儿进步容易，一定要让家长看到我们不但进步了，而且能够继续进步。

（点评：这个板块设置得非常好，可以进一步坚定家长的信心。）

活动形式：

①亲情阅读。每个同学写一封情真意切的信给家长，给家长5分钟时间阅读。

（点评：学生在信中往往是表达自己对过去的忏悔以及对未来的决心。这种纸质交流，而且是情真意切的交流，更能触动人心。）

②孩子，我想说。请家长自愿上台，跟孩子讲几句话，为班级讲几句话。

（点评：基于先前的触动，此刻家长能讲什么呢？忏悔、祝福……无论怎样都可以拉近家长和班级的距离、孩子和父母的距离。）

③女生合唱：《烛光里的妈妈》。

（点评：这是一个巧妙的选择，这首歌很有穿透力。结合以上几个环节，不少家长被感动得流泪。）

[第三个板块　好家长陈述与评选]

目的：让家长陈述自己的教子之道，树立家长典型，让家长学会陪我们成长。

原因：有些家长对我们太失望了，需要从别的家长身上吸取经验，更好地服务我们成长。

活动形式：

①班主任根据家校日常联系情况推荐"好家长"候选名单。

②"好家长"候选人上台讲述自己的教子之道。

（点评：家长会讲什么呢？理想化的教育方式吧。这对大家或许都有启示。）

③请各委员会代表为"好家长"当选者颁发荣誉证书。

④男生合唱：《父亲》。

（点评：这是针对父亲们的特定设置吧，因为刚刚感动过了母亲。）

[第四个板块　重生上路]

目的：让家长确信我们的决心。

原因：家长需要被震撼，只有这样他们才会立即行动。

活动形式：

①班级一起大声朗诵《班级励志教程》第一节。

②班级合唱：《明天会更好》。

分工：

①主持：萍、巍。

②茶水：班级学习研讨会。

③布置：班级荣誉委员会。

④接待：班级设计宣传委员会。

（点评：分工明确，配合得当，在竞争中合作，是构建良好班级的必需。）

可以说，这是一场高水准的家长会。在家长会上，很多家长被孩子感动了，他们没有想到自己已经不抱希望的孩子，竟然有如此上进心。这次家长会让很多家长重新点燃了希望的灯，也使家长为班级接下来的发展注入了更多的支持和精力。

由此看来，倘若班主任放低自己的"能力认知"，调动学生的竞争力，其实是可以轻松而高效地带好班级的。

（三）通力合作

从上面的家长会活动方案中可以看出，在设计方案时，各个委员会之间是相互竞争的，而在具体执行时，又是合作关系。竞争是团队之间的行为，而合作则是班集体的行为。

需要注意的是，在教育中引入竞争一定要注意竞争中善的因素的培养。

竞争本是生物学的生物之间的关系之一种，是指在两者或两者以上之间发生的行为，是指为了己方的利益而跟人争胜，是个人或者团体为了达到某种目标，努力争取其所需求的对象。竞争的起源更是带有"损人利己"因素的。因此，当我们把竞争引入教育中时，就要注意剔除其中恶的因素。因为教育本质上是一种引导全体受教育者向善的行为，而不是成全一部分人而放弃一部分人的行为，更不是鼓励一部分人而伤害另外一部分人的行为。

在实际教育活动中，教师往往为了调动学生的积极性、主动性而盲目采取竞争的方式。例如，某班主任将班级分为几个小组，让小组轮流"执政"或者让小组成员之间相互监督。学生为了体现自己的优秀，就会对他人"吹毛求疵"，甚至造成有些学生为了"抹黑"别人而向老师打小报告。

这样就把学生的关系对立起来了，似乎相处仅仅是为了获胜，仅仅是为了盯住别人的不足，这是非常可怕的教育行为。教育的竞争不是优胜劣汰，也不是你死我活，而是在向共同目标前进时，看谁的积极性、主动性发挥得更好，谁能够为集体做出更大的贡献。显示自己的明亮，不一定要吹灭别人的蜡烛，而应该是将自己燃得更亮。竞争是为了"好"，在竞争的过程中要尊重他人。只有这样才能发挥竞争的良性因素，在学生的心灵里种上善的种子。

三、清晰的活动规划

"凡事预则立，不预则废。"要保证委员会活动顺利、有效进行，必须有详细的活动规划。以班级学习研讨会为例，在成立之前的动员会中，我们制订了《班级学习研讨会基本章程》。

班级学习研讨会基本章程

一、何谓班级学习研讨会

班级学习研讨会是以学习研讨为宗旨，服务于高效学习这一目标的民间组织机构。研讨会以自我学业发展为平台，承载师长的期待和构建班级学风的重要使命，是班级树正气、立典型的先锋组织。

二、为何成立班级学习研讨会

学生的使命是学习，梦想的实现需要我们把学习作为途径。同时，一个人可持续发展最大的动力源泉在于不断学习。追求自我发展，追求自我优质发展是一个人内在的驱动力。为此，我们顺应个人对成功的渴望和班级建设良好班风的需要，成立班级学习研讨会。

学习的本质应该是快乐的，学校的生活也应该是快乐的，只是在我们传统的学习方式下，学习的快乐本质被压抑了。被压抑的原因从根本上讲不是学校的规章制度和考试等，而是自己还没有找到合适的学习方法和发展途径。

成立学习研讨会的目的是寻找学习的乐趣，追求学习的幸福，在快乐和幸福中实现理想。

下面是活动的目标，只有理想的目标才能引导学生朝着目标的理想前进，这是任何一个委员会活动的核心条件。在经历了多年的学习痛苦之后，如果能够找到学习的快乐，这是很多学生的梦想，也是素质教育的必然选择。

三、班级学习研讨会的工作内容

1.以学业进步为目标，共同探讨如何以简洁的方式取得卓越的成绩。

2.针对不同学科的特点，研究有效的学习途径，提升自我的综合素养。

3.共同研究与分享新的题目、好的文章等学习内容，追求过程的快乐和结果的幸福。

4.采取多种学习方式，探究发现、记忆、思考、突破等能力，探求高效的学习途径。

5.定期邀请各科教师或学校的优秀教师做讲座，拓展知识的广度和生命的厚度。

6.相互鼓励、相互帮助、相互督促，共同进步，共享学习的快乐与成功的喜悦，形成"利益"的共同体。

四、班级学习研讨会的活动理念

1.核心理念：共营幸福，拓展生命的宽度与厚度；精诚合作，追寻学习的快乐与幸福。

2.基本要求：服务他人与接受服务为一体；分享智慧与吸收智慧相依存；提供快乐和享受快乐不分离；合作交流与知识充实相交汇。

成立委员会是一件简单的事情，而顺利推进则是一种技术。学习研讨会活动理念的确立，是为了让每个学生都明白自己的收获和付出与别人的收获和付出是一体的。只有付出了才有收获，只有集体中每个人都积极主动地付出了才能有共同的收获。

另外，提出一种理念并不意味着会落实这种理念。为了使活动理念得到落实，需要不断强化成员的理念认同，并确保采取的措施让每个学生都有收获。只有如此，学生才能切实感受到研讨会的有效。为此，我做了四项工作。

1.给以精神鼓励和定位

人都有一个"虚伪发展区"。针对这种心理因素，我在第一次学习研讨会上说："我很欣慰地看到这么多同学加入班级学习研讨会。从你们身上我看到了班级的希望，你们的加入，让我有了前进的动力。我不关心大家原来的基础怎么样，但有两点我是坚信的。第一点是，大家都有上进心。只要有上进心，就可以实现我们的理想。我这个人最讨厌两种人：一是奴颜婢膝的人，一是不思进取的人。在你们身上我看到了自己的影子。第二点就是，我们能够实现学习的理想。因为有我这个善于寻找方法也一直能找到方法的人。我还会把其他人带进来，他们一定也有自己的绝招。"

2. 提一个简单的要求

学生的学业基础特别差，很多措施并不能完全实施。在第一次研讨会中，针对我们班数学成绩特别差的现实，我给每个学生提出了一个要求，就是每个成员每天问数学老师或者班级其他成员一个数学问题，之后要写上详细的解题步骤，即使是选择题也要写上详细的解题步骤。

因为这个要求很简单，学生都乐意接受。我班的小杰同学在第一次月考中，数学考了零分。对高中生来说，这是一个可怕的分数，但是经过每天一题的坚持，他在期中考试中竟然考了45分。虽然这仍是一个可怜的分数，但这项活动还是让他感受到了学习成绩提升的幸福和学习过程的幸福。有了这个开始，他或将拥有一个美好的未来。

3. 给以默默鼓励

为了让学生坚持"问一个问题"的做法，我会在每个学生的问题本上写一些鼓励性的话或指导性的话，或者干脆就是交流心灵的话语。孩子6岁之后的心理成长是以模型化方式进行的，因此，要想影响孩子的心理必须采取细水长流的方式。我利用问题本和交流小本（关于交流小本，后面会详细介绍）不断地去影响学生的心理，以求得学生持续的良好状态。

4.给予一个起点

理想如果太遥远就等于没有理想,任何理想都必须有一种"可触感"。针对班级学生的学习基础,我和他们一起研究之后决定:数学从初中三年级开始学起。这样就能将大家落下的内容补上。如果基础补不上,急于学习高二的内容也是枉然,因为他们根本听不懂。英语从词汇开始补。语文是我教的科目,我知道如何在短期内提高成绩,只让大家跟着我走就可以了。这个起点的给予,让学生感受到了前行的光明,也激发了他们内心的力量。

五、班级学习研讨会基本章程

(一)准入条件

1.有较强的学习进取心,愿意探索学习的乐趣和相信学习快乐。

2.能够主动学习,积极思考,愿意和别人分享知识和智慧。

这是一个没有门槛的门槛。说没有门槛,是因为几乎每个同学都可以加入,基本上没有什么可以拒人于门外的理由;说有门槛,是为了给加入的学生一个自豪的基点——我们都是愿意学习的人。

(二)权利与义务

权利

1.批准入会人员在课桌上张贴荣誉会员证。

这是身份的简单认定。把荣誉会员证张贴在课桌上,可以起到双重作用:一是给个人自豪感,二是发挥他人的监督作用——你是班级学习研讨会的成员,还不认真学习,那多虚伪啊!内在的自豪感和外在的无形监督,会使每个委员都尽可能地做好自己的本职工作。

2. 会员享有资料共享、智慧共享的权利。

3. 会员享有免费听名师讲座或接受辅导的权利。

这点一定要做到。班主任一定要邀请自己的朋友或学校的老师给学生进行一定量的讲座或专题辅导。这是拓宽学生的视野和培养学生委员会归属感的必然要求。也因为这点做得很好,学生们后来学会了"商业开发",后面会结合班级人文研究会来谈。

4. 会员享有选举和被选举为机构常委的权利。

这是为了培育班级里的民主气氛和每个成员的服务意识。让学生摆脱"管理班级"和"建设班级"的弊端,给每个学生舒展自己灵魂的平台。

义务

1. 积极主动学习,按时参加研讨会的各种活动,并遵守相关秩序。

2. 专心学习,勤学好问,要用自己的形象影响班级其他学生,为班风建设做出贡献。

3. 听从组织协调,积极参与组织机构的建设与发展工作,维护并发展组织形象。

4. 如不能按照组织要求完成会员应做的事情,视为自动退出本委员会。

这是委员会会员主人公意识的制度约束,也是委员会顺利运转的制度保证。

六、班级学习研讨会活动计划

活动时间：每周一中午、周三下午自主学习时间，周四下午自主学习时间。

活动地点：周一、周四在自主学习小教室，周三在学部圆桌会议室。

活动内容：

1.每周一：数学乐园。主要按照知识体系的构成，寻找学习数学的捷径，夯实数学基础。隔周的周一请老师做讲座或者学生自主学习。

活动形式：主题讲解、速度比赛、结对赶超、教师讲座等。

2.每周三：文学欣赏。主要欣赏、批评文学作品，提高自己的审美能力和创造美的能力。隔周请老师做专题讲座。

活动形式：美文推介、艺术探讨、美丽创造、教师讲座等。

3.每周四：外语世界。主要按照英语板块步步为营，各个突破。

活动形式：口语演讲、听力比赛、背诵技巧、记忆沙龙等。隔周看一次英语原声电影，通过影视作品学习单词、语法和锻炼听力。

本委员会以学习文化课为基本立足点，以学业成绩的提升为基本落脚点，加之这是第二次委员会活动时提出的初步活动计划，所以学习内容相对单调，而且不够细化。但这些学生自己设计的内容和形式，还是较多地体现了愉悦性、创造性。

七、委员会活动展示

1.定期邀请其他委员会的同学或者老师来旁观活动，让他们监督活动过程，并提出宝贵建议。

2.利用"集中展示"时间，展示学习成果，分享幸福与喜悦。

  3. 开展公益性展示活动，例如广场演讲等，让外班同学领略我们的风采。

  4. 做好班报的投稿工作，展示委员会的良好形象。

  八、班级学习研讨会附则

  1. 研讨会由一名常委和数名会员组成。采取开放式制度：随时吸纳会员，淘汰不合格会员。

此举是为了将更多的人吸引到学习上来。班主任工作不是摆花样给领导看，也不是为了忽悠学生，而是在现行教育体制下，努力实现"鱼和熊掌兼得"，既满足领导或者社会对分数的要求，又达成培养人、发展人、造就人的教育理想。

  2. 机构名单

  （略）

这个章程内容的落实利用的是"边角料"时间（上课的时间用于集体合作的备课、上课、做作业等活动），如果没有趣味和切实的收获，很难让学生保持动力。为此，在带领学生前进的同时，我总是从分析问题，总结方法、规律等入手，让学生真正实现以少胜多，能够切实感受到自己在这个委员会里的进步。

以语文学习为例，我会在和学生阅读美文的同时，把一些文艺理论的相关知识传授给他们，给他们分析美文的抓手——不仅能让他们感受到美，而且还能说出美，创造美。这样他们就能收获课堂上不能收获的美学知识。自然，欣赏水平的提升，反过来也会促进语文成绩的提升。数学、英语等学科的老师也都这么做，以总结规律和分析问题的方法为基本抓手，让快乐和高效的收获结合在一起。这样就保证了委员会活动的趣味性，可以让学生获得进步的自豪感。

其他各个委员会也都有一套类似的章程，这也是确保委员会活动顺利开展的基本指针。这些东西不可以在实践中摸索，而是在实践之前就一定要尽量做到完备。当然，以后逐步完善是可以的。

还有一个重要问题，那就是班主任要取得科任教师的配合，如果没有他们的配合，委员会工作的开展难度就会很大。班主任都知道，让科任教师配合自己，不是一件容易的事情。如何向科任教师借力呢？请关注本书第三章。

第四节　平台可持续运行的四种策略

"失败是成功之母"被奉为经典，其实，这是有条件的，那就是学生必须有一颗坚强的心。要让学生拥有一颗坚强的心，很多时候是不现实的，我们周围的"瓷娃娃"越来越多。从教育角度看，恰恰是"成功是成功之母"。因为成功，学生就能够从中获得自我认可，当连续的成功充盈心灵的时候，学生的自我认可就会越来越强烈，这就会为他们的进一步前进提供动力。

当然，成功也可能是失败之母。这也是有条件的，那就是个体自我不能很好地把握眼前与长远的关系，只满足于当下的点滴收获，而忘了还有更远的路要走。对群体的成功来说，基本上遵循的是"成功是成功之母"，而不是"成功是失败之母"。但在教育中，如果仅仅把成功当作成功本体，那么成功趋向成功的效度就会降低很多。心理学研究表明，人有一种天然的自我展示趋向。也就是说，当一个人取得一点儿成绩和一点儿成功的时候，往往会迫不及待地展示出来——通过展示获得别人的认同，进而增强自我的自豪感。从群体来说，这种展示能增强团体的自豪感和前进动力，而不致让团体止步不前。

为此，在确保委员会活动能让学生获得成功的喜悦继而获得可持续的动力之后，有效的活动展示则是平台可持续运行的重要策略。

一、有计划的班内展示

为了让班级委员会积极地、可持续地运行下去，除借助委员会活动内涵的趣味性、有效性让学生感受到有收获、成长之外，我们还安排了班级集中展示。集中展示一般在每周三下午的课外活动时间进行。

为了更好地说明这个问题，我将一次集中展示活动的节目单展示如下：

百花齐放春满园
——班级会演之四

时间：2009年12月16日

主持：萍、成

策划：班级各委员会

节目单

1. 班级演讲：《我们是班级的花朵》

演讲者：班级学习研讨会

2. 班主任致辞：《创造与众不同的自我》

3. 玩儿语文

表演者：班级学习研讨会

4. 我们的誓词

宣誓者：班级学习研讨会

5. 班级荣誉展示

展示者：班级荣誉委员会

6. 特长拉风

表演者：班级荣誉委员会

7. 小演讲：《热血"80"大韩寒》

演讲者：班级文化艺术委员会

8. 极速漫画

展示者：班级文化艺术委员会

9. 轶事播报

展示者：班级设计宣传委员会

10. 班级发展规划新蓝图（班徽、座位排列、班级标语设计）

展示者：班级设计宣传委员会

11. 个人创意展示

展示者：班级设计宣传委员会

12. 歌曲《感恩的心》

演唱者：高二（3）班全体成员

  展示活动设计表面上看是委员会之间的竞争，因此学生会把最新成果通过这个平台展示出来，使整个展示活动百花齐放。实际上，因各个委员会的"研究方向"不同，本身也就不具有可比性。既然不具有可比性，各个委员会在同一个平台上展示，他们就都会认为自己是胜利者。这种"全体胜利"的心理效应，对各个委员会的可持续发展有很大的推动作用。通常，我们只强调竞争的激活作用和合作的合力效果，却忽视了在一个集体内部的竞争也会造成伤害；而合作应建立在共同的目标和兴趣、爱好基础上，否则合作往往就会成为虚设。这种"同舞台""异方向""都收获"的展示活动，竞争是道具，"都收获"是目的，而"都收获"的心理事实自然就会增强团体的凝聚力。简言之，它规避了竞争的弊，强化了合作的质，可促进委员会高效、有序和可持续发展。

这是一种纯粹的展示活动，也是在室内的展示活动。此外，我们还采用主题班会和展示相结合的方式。

现在，来看高二即将结束时的一次展示活动的节目单：

节目单	
1. 玲、瑶演讲：《今天，我们进入了高三》	9. 班级文化艺术委员会：收获和下一步设想
2. 班级合唱：《真心英雄》	10. 第一小组节目表演：诗朗诵
3. 班级学习研讨会：收获和下一步设想	11. 班级设计宣传委员会：收获和下一步设想
4. 邀请马老师和王老师参加活动并表演节目	12. 合唱：《橄榄树》 高校长寄语
5. 第五小组节目表演：合唱"校歌"	13. 班级荣誉委员会节目表演：合唱《旗开得胜》
6. 班级荣誉委员会：收获和下一步设想	14. 班级设计宣传委员会节目表演：合唱《明天会更好》
7. 小品：《高三窘相》	15. 班主任讲话：致辞高三
8. 班级学习研讨会幽默剧表演：《自强》	16. 合唱：《感恩的心》

这是将主题班会和展示结合在一起的，目的是让学生在娱乐中感受到教益，在展示中获得前进的动力。这次展示活动中的《今天，我们进入了高三》演讲给每个人都注入了一种"只争朝夕"的力量。

今天，我们进入了高三

演讲者：玲、瑶

曾经以为梦想在虚无缥缈的天边；

猝不及防，她已经飘落到了我们的身边。

在嬉笑玩乐中虚掷青春的时刻，我们的梦想很远；

在嘲笑"傻子们"拼搏学习的时刻，我们的明天很灿烂；

在无数次好了伤疤忘了痛聊以自慰的时刻，我们的未来依然很耀眼；

在无数次被同学提示、被老师提醒之后仍然忘乎所以的时刻，我们还依然玄想着自己的明天。

可是，转瞬之间，高三就真的来了。

来得那么迅疾，来得那么突然，令人手忙脚乱，令人心惊肉跳！

天哪，我还没有准备好啊！

天哪，我还有那么多的东西都是空白啊！

天哪，我还以为所有都是别人的事情，和自己无关啊！

天哪，高三，它真的来了吗？

我的梦想原来是如此切近，我的明天原来就在眼前，我的未来突然之间一片黑暗，我已经无法在一次次的得意扬扬之后玄想自己的明天了。

是啊，高三，来了，实实在在地来了！

有人说，在事情突然来临的时候，手忙脚乱，是没有出息的表现。

我不是没有出息的人，或许我荒废过很多很多时间，但我必须规划自己的今天。

我不是没有出息的人，或许我得过且过了很多日子，但我不想让自己的明天葬送在没有目标的今天。

哲人说，在事情突然来临的时候，自怨自怜，是无能的表现。

我不是无能之辈，我是顶天立地的男子汉。

我不是无能之辈，我是不让须眉的奇女子。

哲人说，在事情突然来临的时候，坐以待毙，枉费了"人"这个伟大的称号。

我是一个人，是万物的灵长，所以我不会坐以待毙，我要用自己的行动，来诠释万物灵长的价值。

我是一个人，是天之骄子，所以我不会坐以待毙，我要用自己的行动，来证明天之骄子的伟岸。

学姐学哥们说，高三如山。

但今天，我要用自己的行动告知全世界的人——

没有比脚更长的路，世界上也不会有比人更高的山。

因为我们是有理想、有计划的人；因为我们是有梦想、有行动的人；因为我们是有目标、有志气的人。

所以，我们可以用伟岸的身躯压过如山的高三，昂首挺胸地走向胜利的彼岸。

人生难得几回搏，此时不搏何时搏！

今天，让我们用自己的拼搏告诉全世界——

来吧，高三，我们准备好了！

来吧，同学们，为了更美好的明天，拼了！

二、自发的外部展示

班级委员会制度，打破了原来自上而下的金字塔式班级结构模式，形成了平行的板块模式。没有顶层的牵制，就可能造成"各自为政"，于是班级自身凝聚力的构建就是一个很大的问题。前面提到过，构建班级凝聚力的重要途径是形成班级自豪感。因此，需要借助外部对班级的评价形成学生对班级的自豪感。于是，就有了班级委员会活动的外部展示，主要有以下几种。

（一）广场演讲

每周课外活动时间，或晚饭后休息时间，我们班学生就会在人们来往比较频繁的地方，搭建起台子，进行"吆喝宣传"，开展不同主题的演讲活动。学校其他学生在没有事情做的时候，看到这边热闹，自然就会被吸引过来。当学生聚集到一定程度时，学生就会在自己搭建的台子上开展演讲活动——或名人轶事，或政治热点，或历史轶闻，或励志亲情，或经典新解，或评书模拟……内容广泛，思考深刻，而且充满趣味和感染力。这样的展示活动，开始时学生是放不开的，但是经过一段时间的锻炼后，他们就逐渐适应了——展示的效果越来越好，展示的能力也就变得越来越强。这种演讲活动对相对封闭的学校生活来说也是一种拓展，观众也就越来越多。即使是外班学生，也会期盼着我们的展示。当然，观众的增多以及外班学生的期盼也就使我们班的学生拥有了自豪感和继续前行的力量。

我在很多地方介绍这种方法的时候，老师们都感觉不可思议，认为不现实。其实，很多时候，就是因为这种思维限制了我们走得更远。在没有出路中寻找出路，这也许就是人类唯一的出路。其实，在你认为没有可能的地方着手，或许就是教育的突破口。

（二）室外舞台

在广场演讲进行的同时，班级荣誉委员会和班级设计宣传委员会的学生也会自己搭建起舞台（很多时候其他委员会也会参与进来）。他们会把自己富有创意的设计进行展示，会把自己委员会内部活动的内容呈现在台上，会把自己编写的班级报纸进行发放，会把能够赢得荣誉的各项才艺进行展示。如果说广场演讲是以演讲为主，这里就是以综合素质的展示为主，是班级委员会素质的综合展示。这里可能是绘画展，也可能是演唱会；这里可能是话剧表演，也可能是智力角力……只要是能够体现自己的"研究成果"的活动，他们都会勇敢地展示。

（三）魅力学科

这以班级学习研讨会为主。因为班级学习研讨会的一个重要理念就是追求学习的过程快乐和结果的高效，这就有必要把自己的快乐和高效展示出来。于是，学生会选择学校图书馆的一角，开展学科技巧展示、英语话剧编排、语文名篇品味或者名师小讲座等活动。这能让其他班级的学生感受到我们班学习的快乐。尤其是每周一的英语单词大赛，学生更会有意选择在学校的阅览室里举行，因为这里人多。人多，活动的受众就多，学生自己赢得的自豪感也就越强烈。同时，这也更能调动学生的积极性，他们会很享受这种"万众瞩目"的感觉，自然也就情绪高昂，效果也就会更好。

（四）研讨沙龙

研讨沙龙是为了展示思维的深度和广度。学生会针对明星轶事、学习方法、政治争端、社会现象等进行探讨。探讨活动以展示为主，当然也随时吸收外班同学的观点，以提升自己。研讨沙龙一般会邀请一两个老师参加，邀请别班的学生参加。目的是让他们见证精彩，也传播精彩。这样，也就增强了学生的自豪感。

三、智慧的商业开发

因为每个委员会都有自己的研究成果，很多学生就想借助自己的"知识产权"进行商业开发。例如，班级人文研究会内部的一个交流讲座，主题叫"尼采的人生三阶段哲学与成就自我的密码"，因为在内部引起了非常强烈的反响，所以他们试图将这些成果推广出去，使其产生价值。他们就开始了商业开发筹划。首先，他们找到校长，租赁了学校的小报告厅，然后设计了一个颇具吸引力的海报，并印刷了精致的面值5～20元的门票，在学校的各个班级宣传卖票，也发动他们自己的家长来校听讲座。我这个班主任为了促使他们的活动成功，也和其他班级的班主任打招呼，让他们关照。结果他们的讲座活动非常成功，竟然吸引了200多个师生和家长参与，除去给学校的场地租金和设备费用外，还净赚了1300多块，用作他们以后的活动经费。

这是一个很好的创造，也促使班级多个委员会开展了多种形式的商业活动。例如，班级人文研究会指导专家讲座的商业开发，班级学习研讨会的学习成果介绍会的商业开发，等等。他们用商业头脑获得经济收入，为各自委员会的进一步发展打下坚实的经济基础，更重要的是进一步激发了他们的创造力。

四、室外"三色纸"

另外一个展示平台就是教室外的"三色纸"。为了调动学生个体和委员会的积极性，我在教室门外的墙上分别张贴了红、黄、绿三种颜色的大纸。红色纸用来记录学生或委员会值得表扬的内容。学生或者委员会认为自己为班级做出了贡献，或者帮助了他人，或者本委员会哪项工作做得好，都可以记录在红色的纸上，供全校师生观摩。如果自认为的贡献和收获被大家一致认可，班级会召开专门的表彰会或者告知家长孩子们取得的进步。黄色纸是用来记录违纪行为的。如果某个同学或者委员会认为自己哪方面做过分了，就可以将事情写在黄色的纸上，以自我批评。这种公开的自我批评是学生对自我的恳切评价，也是班级树正气、立诚信的舞台。绿色纸是用来让学生自由发表对班级问题的看法的，大家谁有好的建议和意见，都可以写在上面，以提示班级全体同学下一步怎么做更好。

"三色纸"的展示方式，是学生自我的评价，不具有约束效力，但具有鼓励的功能，也是班级评优自动生成的重要依据。"三色纸"中最常用的是红色纸，学生的成绩或者贡献会经常在上面展示。因为这个展示平台是在教室的外面，自然就会被很多人（包括来校的家长）看到。"观众们"的议论和评价，则是我们前行的动力。

如今，学生的校园生活越来越枯燥。在我们班利用可以利用的时间展示自己的时候，其他班级的学生通常只有羡慕的份儿。因为班级委员会活动比较有效，所以展示出来的东西往往也是能使别人感到惊讶的东西。因此，整个校园里，我们班级的展示活动，以及所呈现出来的内容，都是让人刮目相看的。自然也就形成了"满校尽说高二（3）班"的局面。展示的目的也就是"以己之长比他人之短"，让自己的长处使自己产生自豪感。这样，在整个学校层面上产生的就是对高二（3）班的正面评价和赞誉，自然也就在班级层面上使学生有了自豪感和归属感。这是凝聚班级的核心力量。

班主任既然没有资格也不应该自以为是地去引领学生，我们就应该为学生搭建多样化平台，让学生时时刻刻、快快乐乐地动起来。这既可以让班级基本平安无事，又可以使学生的个性得到发展，灵魂得到舒张。如果搭建了这样的动起来的平台，您用不着班规，因为学生没有那种犯错的闲情；您用不着班干部，因为每个学生都在忙碌着自己感兴趣的事情；您也用不着担心教育效果甚至分数，因为活动能最终给人以尊严——有了尊严就会有维护尊严的动力，您担心的分数之类的东西，学生就会自觉地追求；一旦学生自觉地要分数了，分数就会自然而然地来。

平台搭建的种类和运行的方式方法还有许多，这里提供的仅仅是些许案例，更多、更理想的路径是我们研究的方向。只愿我的做法，能启迪更智慧的您。

第三章

为学生的成长借取多方资源

将班主任从忙碌中解放出来,不是空中楼阁。做一个不再瞎忙的班主任,您也可以的。

第一节 用别人的水浇自己的田

春秋时鲁国单父宰（相当于县长）职务空缺，鲁国国君请孔子推荐一名学生，孔子推荐了巫马期。

巫马期上任后工作十分努力，披星戴月，废寝忘食，兢兢业业地工作了一年，单父大治。不过，巫马期却因为劳累过度病倒了。于是孔子又推荐了另一名学生宓子贱。宓子贱弹着琴、唱着小曲就到了单父。他在官署后院建了一个琴台，终日鸣琴，身不下堂，日子过得很滋润，一年下来单父县也大治。

后来，巫马期很想和宓子贱交流一下工作心得，于是他找到了宓子贱。

两个人的谈话很快就进入了正题。巫马期羡慕地握着宓子贱的手说："你比我强，你有个好身体啊，前途无量。看来我要被自己的病耽误了。"

宓子贱听完巫马期的话，摇摇头说："我们的差别不在身体，而在工作方法。你做工作靠的是自己的努力，可是事业那么大，事情那么多，个人力量毕竟有限，努力的结果只能是勉强支撑，最终会伤害自己的身体。而我用的方法是调动人的工作热情，事业越大可调动的人就越多，调动的人越多事业就越大，于是工作越做越轻松。"

一个兢兢业业，虽能治乱，但身体却累垮了；一个看起来不务正业，却轻松大治。正如有100件事情，一个人都做了，那只能叫作努力；有100件事情，执行者借助他人的力量，把所有的事情都办好了，而且他人回过头来还要感谢他提供这样的锻炼机会，这是借力。努力刻苦的执行者远不如善于借力的执行者。一个人的能力是有限的，能够让他人发挥作用，以帮助组织达成目标，才是卓越的执行者。一个执行精英再有本事，充其量不过是巫马期，用努力和勤奋经营单父。英雄则是像宓子贱这样的人。因为他能把县内的才俊之士聚集在自己的身边，让别人的本领为他所用。

一个懂得借力的人，远比只知道死干的人轻松得多，所以有人说"智慧的人是用三流的本事做一流的事，用别人家的水浇自己的田，自己不花一分钱"。教育也一样，当教育走到今天，不借力，就不可能做好真正的教育。

一、教师的本位作用，决定了教育必须借力

之前我们分析过，一个班主任无论从价值、能力还是教育认知等方面都不应该把自己抬高，更不要说去做人类灵魂的工程师。教育对象的复杂、孩子对成长的需求以及时代对教育的需要甚或对未来教育的期待等，都决定了在一定的阈限中成长起来的教师不可能满足教育的需要，无论你个人多么努力、多么敬业，对教育的需要来说，都是微不足道的。一个教师只有智慧地借取别人的力量，才能更好地达成教育目标。而把自己抬得越高的人，往往会越被动，甚至还会因自己的教育行为而给学生造成伤害，因为教育当中大多数错误都是教师单纯自我努力的结果，大多数对学生的伤害都是以爱的名义进行的。

二、教育结构的复杂，往往使班主任四面楚歌，借力是避免被动的必然选择

从社会舆论看，一旦学校出一点儿事故，教育瞬间就能被"千夫所指"，教师一下子就处于十分被动的地步。从维权意识觉醒来看，无

论是家长还是学生,他们的维权意识都较以前有了较大提升。有的家长认为教师哪点做得不好,就立即投诉,轻则投诉到校长那里,重则投诉到教育局。例如,因为学生不交作业,你可能会罚学生站一会儿,而这"一会儿"在家长那里甚或学生那里就是体罚。在社会舆论普遍造成教师被动的情况下,一个举报电话就可能使教师"饭碗"不保。自认为班主任哪点做得不对,有的家长就立马说"你无权如何如何"。这些因素都导致班主任想管而不敢管,想做而不敢做,手脚严重被束缚。有的地区就出现了班主任或者科任教师为了讨好学生而倒过来给学生买小礼品的情况。当教育到了这个地步,你说还怎么做呢?从现实的家庭结构来说,很多学生为独生子女。一旦出现两个学生打架的事故,双方家长往往互不相让,结果呢,老师夹在中间成了受气包。从社会发展现实来看,有些老师总是抱怨现在的学生越来越难教,越来越难管。其实,很多时候不是学生变得"难"管了,而是教育者跟不上时代的步伐了。现在各种媒介充斥生活的每一个角落,学生接触知识的机会远远多于当年的教师。学生的快速发展与教师的发展滞后之间形成了落差,教师自然就会感觉到管理之难、教育之难了。这些因素都决定了只有借力,我们才能远离被动,跟上步伐。

三、现象的复杂,使教育需要借力才能完成

时代在发展,很多问题都变得越来越复杂,发生在学生身上的事情也各式各样。如果跟着原来的感觉走,势必要碰壁。2003年12月10日的《中国青年报》上刊登了一篇文章,我摘录其中的一个片段来说明问题。

> 班上有一名学生的父母感情不好。妻子没有工作,一切依赖丈夫,疑心丈夫有外遇,因为信任我就向我倾诉。为了挽救

即将破裂的家庭，给孩子一个安宁的大后方，我把孩子的父亲请到学校，跟他谈了孩子教育和成长的问题，并且让他保证不做破坏家庭的事。当时，他态度非常诚恳，临走还感谢我对孩子的关心。可不久后我在外面遇到了学生的父亲和年轻女人很亲密地在一起。我意识到危机随时就会出现，就将此事告诉了孩子的母亲，希望一同阻止危机。然而，孩子的父亲竟然当着我们的面承认了一切，并且提出马上离婚。孩子的母亲精神崩溃了，杀了丈夫，自己也被送进了精神病院……

　　孩子一下子成了孤儿，我能不管吗？我向全校师生发出了捐款倡议。当我把钱交给孩子时，他不但不感谢，还把钱甩到一边，恨恨地说："你已经将我害得家破人亡了，为什么还要继续毁我？"

　　该老师还大声疾呼"我的好心学生不能读懂"。姑且不去评价该老师的做法之失在哪里，单就这个学生所面临的复杂家庭结构以及他的心理变化而言，教育就没那么简单。这就需要班主任借助很多力量来解决。

　　总之，不论从教育的本质追求以及当下的教育生态来讲，还是从保护自我的角度来讲，教师千万不能再以所谓的"主导"高高在上做教育了，必须放低身姿向多方借力。这不是一个孤胆英雄的时代，也不是一个教师可以用"敬业"二字就取代教育现实面前自我无力的时代，教师必须懂得借力，唯此才能做真教育。

　　这就是"培育—发展"班级理念的第二个支点——教育借力。

第二节　班主任为什么没有家长朋友

从教育的需要来说，没有家校合作很难达成教育目标；从班主任的工作困境来说，很多问题的发生、处理都与家长的态度直接相关。因此，倘若将家长"拒之门外"，教育过程恐怕就困难重重。于是，很多学校领导和班主任都会说"要和家长交朋友"，只是，回顾一下自己的班主任经历，您有真正的家长朋友吗？

我不敢说您没有，但我敢说您的家长朋友不会多。没有家长朋友，您能真正向他们借取力量吗？

为什么我们想方设法和家长交朋友，却不能交到多少家长朋友呢？

一、从家长会谈起

一个做了学校领导的朋友曾告诉我："唉，我就怕去开家长会。"教师都怕开家长会，家长哪一个不怕开家长会呢？为什么家长会怕开家长会呢？原因可能如下。

（一）家长会上班主任滔滔不绝，科任教师轮番上阵，家长只好来做"小学生"

班主任俨然就是教育专家，一方面介绍自己的教育理念，另一方面介绍在自己带领下班级取得的成绩。当然，成绩是家长乐于看到的，毕竟这表明孩子生活在一个好的班级。但班主任往往是醉翁之意不在酒，在于要求也。话锋一转，班主任就开始点评班级学生的不足了，对学生的"恶劣表现"大加呈示。最后，班主任对家长提出各式各样的要求。然后，科任教师上场，打击面没有班主任广，但力度丝毫不弱——也是对家长提出各种各样的要求。而家长呢？恐怕只有接受任务的份儿。听完教师们的训导，家长感觉很没面子，只好回去"教育"自己的孩子。这是典型的"学校教育本位""教师教育本位"思想在作怪。试想一下，真的每个家长都不懂教育吗？您真的就比家长懂得多吗？

（二）对好孩子大加表扬，对后进者委婉批评，学生被分成三六九等

很多家长会，就是学生分析会。有些班主任会把班级每个学生的学业成绩列个详细的数据表格，根据发展曲线来分析学生的学习走势。这种方法似乎能更有效地呈现学生在校的表现。老师的尽心尽责使家长直观、准确地了解到孩子在学校里的学习情况，严格来说只是分数情况。科任教师当然会从学科角度向家长汇报每个学生的学科成绩。在成绩汇报过程中，对分数高的学生大加表扬，对分数低的学生自然委婉批评。在批评与表扬之间，学生自然就被分成了三六九等。将心比心，家长是不是也会心里七上八下呢？孩子成绩好，家长自然骄傲；而成绩差的学生家长呢，自然无地自容。比较而言，班级里成绩好的毕竟是少数，大多数家长自然也就会无地自容了。

（三）形式多种多样，内容"五彩缤纷"，广告效应大于实际效果，或内容相当于班会

为了避免上述传统家长会的弊端，班主任们可谓八仙过海，各显神通。有的是让学生排练一些节目，学生表演，学生主持，把老师讲话和家长讲话穿插其中。学生的表现给家长直观的感受是——孩子在学校进步了。有的设置一个主题，例如感恩家长，设置有意义的环节，或者让学生写好感恩的信给家长，或者采取某种仪式，例如感恩生日会等，让学生感受家长的艰辛。有的是通过多种渠道展示学生在学校的成长，让家长感受学校的关怀、老师的尽心、学生的进步，等等。

只是，即使家长会进步到了这个地步，为什么家长还是不乐意参加家长会呢？因为这样的家长会，要么等同于传统的家长会，要么等同于给班级贴金和给学校做广告。最多也只相当于开了一个主题班会，只是参加者中有了家长而已。

诚然，家长会的形式还会有许多种，只是请不要忘了，家长会不是把家长叫来接受教育的，也不是让家长单纯来了解学生的成绩的，也不是仅仅让家长来看一下孩子的展示或者了解学校优势的，更不是让家长来参加一个扩大的主题班会的。这样的班会吸引家长或者持续吸引家长的因子会减弱甚至消失。老师们需要明白，每个家长来参加家长会，是有一定的心理期待的。这个心理期待如果你不明了，怎么可能让家长爱上家长会呢？

二、从家校沟通形式来看

现代化的沟通工具给家校沟通带来了很多方便，可是班主任如果运用不当或者不能体会家长的心理，往往会适得其反，得不偿失。

电话沟通。电话沟通无可厚非，可是不少学校却规定班主任每月甚或每周要给班上每个学生的家长打几次电话。他们主观地以为多打电话勤沟通就可以和家长交朋友，就可以多方了解学生的状况。很多次讲课的时候，我问听课的老师："咱家也有孩子，请问朋友们，您愿意接听您孩子班主任的电话吗？"我分明看到多数老师在摇头。我接着说："您不愿意接听自己孩子班主任的电话，那么您的学生的家长就愿意接听您的电话吗？如果电话报喜不报忧，恐怕家长乐意。此外呢？将心比心就可以知道了。"

校信通。校信通确实为家校沟通带来了极大便捷，还可以减少沟通的费用。可是很多班主任却运用不当，动不动就给家长发消息。我孩子一年级时，我们夫妻两人一天至少可以收到10条班主任发来的消息，有时候真的很无奈。每个人都有自己的社会角色和工作，如果只从老师自我出发而不能体谅家长的实际，适得其反是自然的事情。

班级 QQ 群。这更是一种非常便捷的沟通方式，一个消息就可以瞬间全班皆知。但是，QQ 群是把双刃剑，在方便快捷的同时，负面的消息也会瞬间尽人皆知。人的正常心理是"好事不出门，恶事行千里"，一旦有点儿不好的消息，哪怕是不准确的消息，家长之间也会借助这个平台迅速传播，这样就会形成家长之间联合"对付"班主任的局面。一旦形成此种局面，班主任的麻烦可就大了。

三、从家长到校交流情况来看

很多班主任喜欢把家长请到学校交流学生的问题，也有家长主动到学校找老师询问孩子的情况。这本来是一个很好的家校交流的机会，可是我们分明看到很多班主任在和家长交流的时候非常"主人公"，时时以我为主。家长做了聆听者，做了被教育者。我们谈到过多次，老师真的就比家长更懂孩子吗？甚至比家长更懂教育吗？一次，我到一个学生家里去家访，当家长知道我在研究班主任工作并且在这块小有成绩之后，竟然结合国学给我讲起了如何做教育。整整两个小时，我做了聆听者，我做了小学生。

班主任为什么就不能做做小学生，就不能听听家长讲述呢？如果家长在交流中能够从被动的聆听者转化为主动的讲述者，甚至是解决方案的提出者，他们是不是会有被尊重的感觉，是不是更愿意为孩子、为班级付出呢？

不少班主任常常叹息说，现在的家长越来越难伺候了，越来越难处了。其实，您有没有想过，是不是自己越来越不会和家长沟通了呢？固守着"教师本位"的认知，把家长置于配合、从属的位置，您不可能真正和家长交成朋友的。即使有，也是表面的朋友，而非真正交心的、合作的朋友。

第三节　四招让班主任和家长成为"铁哥们"

和家长交流要把握一个底线,那就是"没有一个家长不愿意为自己的孩子和孩子的班级付出"。关键是班主任有没有给家长一个出力的机会,有没有让家长有一个合适的身份。

如果一个班主任想让家长心甘情愿为自己的班级出力,为自己班的学生出力,需要以下几个基本的策略。

一、捧出一颗教育心

无论您有多么高超的交往艺术,如果家长看不到您的教育心,就不可能和您真心交往。老子说"上善若水",不仅仅是因为"水善利万物而不争",而是因为它把自己放在了最低处。如果一个班主任用水的眼光来看待每个学生,那么您将看不到学生的不足,因为在您的眼睛里,这些学生都是了不起的存在,都有无穷的正能量。正因为如此,一个老师的眼睛里才不会有差生,一个老师的心里才会有无穷的幸福——这么多美好的生命将由我来培育。有一颗培育每个神圣生命的心,就是一个老师真正的教育心。所以,一个真正的老师,是应该拥有一颗教育心的。如果想和家长交朋友,就一定要让家长感受到您这颗教育心。这是家校沟通的基石,这是和家长交朋友的原点。

一个成绩不好的学生的家长曾经给我发过这样一条短信:"自己的孩子自己清楚,成绩上不去,拖班级和您的后腿,实在抱歉!"说实在的,看到这样的短信我有种心痛的感觉——因为自己的孩子成绩差而感觉愧对老师,家长不容易啊!我的孩子也成绩不好,我能感受到家长那颗心的律动。

同样,我也知道生命的珍贵。记得2004年的春节前,妻子去医院做检查，检查的结果是未来的孩子可能有智力缺陷或者身体缺陷。于是，我们夫妻急匆匆地到了无锡的一个传染病研究所去复查，结果医生告诉了我们同样的话。那时，我有种崩溃的感觉，但妻子却坚定地说："如果孩子没有缺陷，我们应该用百倍千倍的爱去保护他（她），因为这是上帝对我们最大的恩赐；如果孩子有缺陷，我们更应该用万倍十万倍的爱去保护他（她），因为这是我们的孩子，是上帝派给我们的天使！"那个春节，我们夫妻以泪洗面，心绷得紧紧的。于是，我明白了一个孩子出生是一件幸运的事，长大成人是幸运的事，能和我这个老师的生命有一段交集更是一件幸运的事。

就是因为如此，我懂每一个孩子生命的神圣，我明白家长一颗殷切而无奈的心。于是，我给这个家长写了下面这封长长的回信：

未来美好！

看到您的短信，我想说，感同身受。

在我有了自己的孩子之后，在我的孩子成绩也不好的现实面前，我逐步明白了生命的价值和成长的意义，懂得了如何去对待自己的孩子和别人的孩子。

无数个日子，为孩子的成绩我心急如焚，但现在我却能够做到心如止水。不是不再关心自己的孩子，而是我明白了，着急无法解决当前的问题。每个孩子的内心都是有向上的欲望的，只是没被激发出来或者被埋没了。除了伸出自己的手，我们还能怎么做？毕竟，那是自己的孩子。

正是在我写下这些文字的这个中午，我和一个同事谈什么样的老师才是真正的好老师。她说，首先是有爱，一个不懂得爱孩子的人不配当老师。爱，不是一个新鲜的词儿，已被很多专家和平凡的老师谈了千万遍。可是，我们看到的却是一个个孩子的生命在很多老师的"爱"的名义下凋零枯萎，我们看到的是有些老师为了那点儿所谓的尊严扼杀孩子的个性，为了一点点儿分数将孩子的心灵击碎，直到一个个可以蓬勃的灵魂早早地成了落地的残蕊。于是，我告诉同事，爱首先是把孩子当作孩子，其次是把别人的孩子当作自己的孩子。她说，把孩子当作孩子，我能做到，因为每天我看到一个个孩子都是那么可爱，都有想摸摸、抱抱的冲动，如果让我对这些孩子做过分的事情我做不到。但是，让我把别人的孩子当作自己的孩子，我也做不到，因为对自己的孩子我有时会打骂，而对别人的孩子我不能。

  是的，同事是一个极具爱心的人，在她的口中对学生几乎不称呼某某，而是孩子、孩子、孩子……

  我告诉她，把孩子当作孩子的意思是，任何一个孩子都有一个成长的过程，他们不是成人的缩小版，他们会犯各种各样的错误。朋友李东说，错误是孩子成长的勋章。每个孩子都是在犯错的不断跌撞中体味到生命的况味，寻找到生命的方向的。哪个人不是在错误中逐渐长大的呢？没有犯过错误会有今天的我们吗？如果我们把孩子犯的一个个错误看成一个个十恶不赦的存在，那我们做的就不是教育工作了。有错误，才是孩子啊；有错误，才能促进孩子成长啊。一个个错误就是孩子成长的契机，错误也是宝啊。而把别人的孩子当作自己的孩子，就是指老师要有足够的耐心，不要放弃，更不要挖苦。曾经在自己的博客里写下过这样一段心情日志：

  面对孩子的纯真与善良，很多大人充当的是刽子手的角色。为什么单纯的孩子，在大人的眼里就被分成了三六九等？即便有所差别，为什么不竭力帮助而要把"坏孩子"推向火坑？一直坚信，当成人失去了呵护的良知，当老师失却了培育的良知，那么整个社会也就失去了良知。没了良知，人还能成为人吗？

面对不理想的孩子，不能选择放弃，正如我们不能放弃自己的孩子。对老师来说，几十个孩子里面的几个不理想的孩子，往往被视为差生，可是，对一个家庭来说，每一个孩子都是全部。为什么同一个孩子在父母的眼里和在老师的眼里就有了区别呢？因为在父母的眼里没有比较，是全面关注的；而在老师的眼里有比较，往往是片面看待的。无论一个老师声称多么爱自己的学生，在有了比较之后，总是会有偏颇。没有别的，是爱得不够。

真正把别人的孩子当作自己的孩子，就会说这孩子是我的，这学生是我的。既然是我的，我就有责任将这个孩子带好。在我的眼里，他就是一块璞玉，在我的精雕细琢下，他是能成才成器的。因为没有一个孩子天生就一直是杰出的。

我有一个堂兄，初二就辍学在家，可是，现在他却凭自己的能力成了一家制药公司的老总，过着别人艳羡的日子。爱迪生小时候被视为"智力低下"，无奈的母亲只好将他带回家教导，结果他成了世界上伟大的发明家。如果每个老师把孩子当成"我的"孩子，向爱迪生的妈妈学习，那么又会有多少英才出现啊！冰心先生说"万千的天使／要起来歌颂小孩子／小孩子／他细小的身躯里／含着伟大的灵魂"。

孩子，都是宝啊！

我的孩子，只有培育，别无选择。

把别人的孩子当成自己的孩子，就会尊重孩子的差异，用耐心为孩子的成长赢得时间。既然我们每天都在喊着每个孩子都是有个性的存在，那么就不应该在实际工作中一刀切。正是有差异，才使得这个世界上的人林林总总，而正是林林总总才使得这个世界精彩绝伦。

我从小学到初中，数学成绩都是一塌糊涂。初二那年，总分120分的数学，我根本考不到20分。我一直补考，还被老师罚过钱，甚至被老师要求不许参加考试。可是，到了高中，数学竟然成了所有学科中我学得最好的科目，而且我的数学成绩也是全年级最好的。这是为什么？有人说开窍了。是啊，开窍有早晚，那我们又何必要求每个孩子都在同一时间里绽放出花朵呢？国庆期间，一个朋友说她同事的一个孩子，从小学到高二一直补课，可是怎么补成绩就是上不去。结果到了高三，他突然开窍，以高分考入了苏州大学。给每朵花自己开放的时间，这不是口号，而应该是最真实的行动啊！可是，老师们，为什么您总是等不及？为什么这些迟开的花在您的眼睛里就成了谎花甚至根本就不是花呢？

见过有的老师把差生的家长训得像个孩子似的，见过很多家长因为自己的孩子成绩差而愧对老师。其实，这些都没有必要，"人间四月芳菲尽，山寺桃花始盛开"。如此看过来，尊敬的老师，您的孩子就一直优秀吗？尊敬的家长，您的孩子就不会优秀吗？

所以，请您相信，您的孩子是优秀的，无论现在怎么样，您都要陪孩子走好他的路，您也要相信，前路美好。所以，我会把您的孩子当作自己的孩子，我也相信，有了您的和我的呵护，孩子的前路一定会美好！

我不做没有良知的老师，您也不要做没有信心的家长，好吗？

一起努力！

未来美好！

这篇文章我给家长看了，家长感动得说不出话来，因为她不但感受不到老师对孩子的放弃，反而感觉到老师在劝慰自己要对孩子充满信心。如此感动，家长愿不愿和您交朋友呢？哪怕她不是孩子的家长，看到这篇文章，是不是也愿意和您这个人交朋友呢？

经过家长同意后，我把这篇文章贴到了班级博客。这样，一对一的交流就成了班主任和所有家长的交流。所有的家长都可以看到这篇文章，如果班主任的作为和说的不一致，您就会自己打自己的脸；而如果说的和做的是一致的，您将收获家长们的心。

教育心，就是把每个孩子都当作宝贝呵护的心。让家长感受到您这颗教育心，还有家长不愿意和您交往吗？

二、转换一个场

朋友们一定记得第二章第三节中提到的"高二（3）班第二次家长会方案"，就是在那次家长会上很多家长的灵魂被深深地触动了。4个小时的家长会竟然让人感觉是如此短暂，可是学生吃晚饭的时间到了。当学生整整齐齐地排着路队离开教室走向食堂的时候，36个学生的家长无一离开，他们在静静地等待着什么，似乎有很多的话要说，尽管时间已经是下午5点。

于是，我深情地说："我知道大家肯定被孩子们感动了，大家一定还有很多的话要说，我也一样，有很多的话要和大家交流。这样吧，我们到学校旁边的咖啡馆，我请各位喝咖啡，我们一边喝一边聊。"于是，我把36名学生的家长带到咖啡馆，继续交流。

交流的场所变了，家长和教师的交流心理也就产生了变化。之后，我们班级层面的家长会就没有在校内开过。可能是在某个家长公司的会议室里，可能是在某个茶馆里，也可能是在某个公园的草地上……场所变化带来了交流心理的放松，改变了原来教师在台上家长在台下的状况，回归到教师和家长之间的"人"的对等，大家都是为班级、为孩子成长做事的合伙人，不再你是教师他是家长。这样交流就可以平等，可以自由，可以深入，当然也就更具实效。

但是，如何交流呢？

转换家校身份。教师只有放低自己才能更好地向别人借力，才能明白借力的重要性。因为我们的视野是有限的，而家长来自各行各业，即使是在教育的领地里，教师也不见得比家长更专业。放低自己，就会以求教者的身份和家长交流。例如，我带的高二（3）班，是一个相对而言被学校放弃的班级，是一个别的班级看不起的班级，甚至是学校的教师也看不起的班级；当然，也是同学们自己也看不起自己的班级。

"这个班的班主任和家长，该如何帮助班级树立形象，帮助孩子树立信心呢？"

这是那次在咖啡馆交流时我向家长们求助的问题。

其实，对一个真心做教育的班主任来说，哪怕您心里是有谱的，也应该把问题拿到家长会上让家长们参与讨论，毕竟一个人的智慧是有限的。

在征询家长意见的过程中，家长的角色就不再是家校合作的被动配合者，而是班级事务的参与者，甚至是决策者。这个"主人公"的身份，会极大激发家长参与班级事务的欲望。几乎没有一个家长不愿意为自己的孩子所在班级做出自己的贡献，但通常情况下，班主任没有给家长这样的机会。

这个问题提出之后，大家展开了头脑风暴，最后得出了"人无我有，人有我优"的班级发展思路。就是在形式创新上做足文章，让这个"特色"带来班级的自豪感，进而提高自信心。

身份转换之后，就是"交流什么"的问题了。

第一，摆出班级困难。班级不应该是班主任个人的班级，它是师生、家长共同的班级，家长的身份转换成班级的"主人公"后，班主任带班的种种困难，以"主人公"身份参与的家长就能感同身受，就能感受到班主任的不易。摆出困难，能够让家长将心比心，即使班级出点儿问题他们也会用理解而不是用苛责的眼光来看待。例如，我就曾经在家长会上摆出了班上几对学生谈恋爱难以处理的问题，让家长帮着出主意。家长在出了各种各样的主意，被各式各样的理由拒绝后，是能确切地感受到教育的不易、班主任的不易的。这样，自然就拉近了家校距离。

第二，提出个案。对班级的个案问题，家长总是维护自己的孩子，无论班主任怎么处理，总会有家长感觉班主任不公平，甚至还会听信孩子的一面之词埋怨班主任。如果我们把这些个案性问题摆出来，就会让家长懂得换位思考，懂得包容他人，甚或回去教导自己的孩子。

例如，伟和飞的眼镜事件。打篮球的时候，伟不小心把飞的眼镜打烂了，伟说可以赔飞，让飞先去配个眼镜，然后拿发票让伟给他报销。结果飞配眼镜回来，拿来的是一张 1900 元的发票。明眼人一看就知道这里面很可能有诈，所以伟坚决不给飞报销，说最多给他 500 元，但飞却不依不饶。

在问题解决前，我先安抚了这两个孩子，说我会给他们一个公正的处理方法。在两个孩子相对稳定的几天里，我择时召开了一个家长会，将此案例提了出来。经过大家的共同努力，问题得到了圆满解决。这个问题的解决过程，对家长和孩子都是教育。家长和家长之间、孩子和孩子之间相互包容的风气也逐渐形成。

第三，让家长提供解决方案。一些班级共性的问题，有时候非常棘手，班主任要想找到合适的解决途径非常困难，但如果发掘家长资源，让家长提供解决方案，有时会有意想不到的收获。

例如，刚进入高三，非上课时间教室里非常闹腾，可是因为很多学生课程落下得实在太多，有不少人想利用边角料的时间来学习，所以，教室里就需要安静。"怎么能让孩子们安静下来呢？"这是一次家长会上我提出的问题。

每个家长都认真来思考解决这个问题的途径、方法。最后，玲的妈妈说:"我有一个主意,可以让这个问题得到解决。我们买一些一米来高的盆景,但是要买那种比较易碎的。谁打碎谁来赔偿。"玲的妈妈在阐述自己的想法时说:"买盆景放在教室里,只要孩子们一打闹,就很容易碰坏。规定谁碰坏谁赔,这样就在无形中限制了孩子们的打闹行为。孩子们不知道我们这么做的真正目的,就更容易接受。另外,教室里有30多个人,如果是关窗开空调的话,教室里的空气就不够好,盆景还可以净化空气,创造'绿色教室'。"

在随后的探讨中,琦的妈妈提出了改进方案,就是让班级中每两个人承包一盆盆景,让他们去照顾这盆盆景。35个孩子(高三时祥离开了),加上班主任,买18盆,正好两个人照顾一盆。两个人合作照顾一盆盆景,有利于增进他们之间的友谊。

18盆盆景需要花费2000元左右,钱怎么来呢?此时,萍的爸爸说:"这个问题交给我吧,我有一个朋友是搞这个的,明天我让他送到教室就可以了。"这不,问题一下子就解决了。

同时,这也促进了家长和家长之间的交流。我们班的家长大多是生意人,这样一个家校合作的平台也成了他们交朋友的舞台。当家长和家长也成了朋友时,孩子们之间的矛盾基本不用班主任出面,他们就可以私下里解决了,班主任再也不用夹在中间做"馅饼"了。更可喜的是,某个家长来看望孩子,看望的就不仅仅是自己的孩子,而是整个班级的孩子。只要有一个学生的家长来,每个学生都会感受到家的温暖。在2010年3月的高二学生学业水平测试期间,很多学生的家长来陪孩子考试。明的家长、君的家长、瑜的家长等,他们都是把全部孩子请出去吃饭,在饭桌上给他们鼓励,让孩子们自由地沟通,一幅其乐融融的画面。在2010年12月美术生参加江苏省美术专业统考期间,妤的妈妈、杰的爸爸等同样给我们带来了很多感动。"老吾老以及人之老,幼吾幼以及人之幼",在我们班的家长和孩子们中间体现得特别突出。

在当下"瓷娃娃"遍地的现实中,每个孩子在父母的心中都是宝贝，一旦出现孩子之间的伤害事故，家长往往是不依不饶的。但是，在班主任搭建的平台上，家长之间有了良好的沟通，甚至成了朋友，他们还会为这些事情来麻烦班主任吗？

作为班主任，当您把自己放低，真诚地向家长借力时，您就更能在家长心中留下深刻的印象，家长也更能替您出主意、想办法。而一旦班主任把自己当作主导者，您就会非常累。把班级的诸多事务交给家长，可以让家长切身体会到班级发展的步骤、方向，让家长成为班级事务的策划者、参与者非常重要。

三、在私交中要淡化教师身份

和家长交往，除了工作交往，还涉及和家长的私人交往问题。和家长交往时是必须放下班主任架子的，应以普通人、可以做朋友的人和家长交往。请看我和一个家长的两次QQ聊天记录：

和一个家长的两次聊天

一

家长：昨天瞄了一眼班里同学做的《凡卡》教案，有模有样的。

我：那是，名师出高徒，哈……

家长：嗯，顺便说下，拿到了手写的提纲，我还说，哟，你们老师的字还真……丫头接"难看是吧？"我想说"还真不错呢"，看来丫头对你还是有距离感。

我：她啊，就知道挖苦我。不过，我的字你懂的……

家长：她也不是挖苦你，是她不懂，她对一上来就牛的人有一种天生的排斥感，嘿嘿。谁让你一上来就那么牛。

我：哈哈，你啊，太不懂自己的孩子了。

家长：洗耳恭听。

我：1. 丫头是一个表面内向而内心外向甚至有点儿强势的孩子。2. 丫头不但不怕老师，其实她很想和老师交流。3. 丫头对我这个老师没有反感，其实她很想跟我聊天，呵呵，但又有些害羞。

家长：哦，我明白了，你的意思是说，她说的话有时候要反过来想。

我：4. 丫头的心理其实比同龄的孩子早熟，她的内心要比同龄的孩子丰富。

家长：哦，谢谢，我反省。

我：反省什么啊，很多孩子到了这个年龄段都会如此。

家长：我一直觉得她很幼稚的，你还说她早熟。

我：丫头书看得多，所以内心就丰富了许多。不是早熟，她的内心很丰富，只是不表现出来而已。

家长：嗯，但是她流行的看得少，她还觉得她老土。

我：真实的她属于她自己。如果你把她了解透了、看透了，她就没有自己的心理空间了。

二

家长：今晚的家长会（学校官方的家长会——笔者注）6点开始，你几点吃饭啊？我5:45左右去找你好吗？或者直接去食堂找你蹭饭？或者我请你吃饭？

我：还是你来食堂，品尝一下我们食堂的饭菜。

家长：谢谢。

从中大家能感受到班主任和家长之间的关系很亲密，仿佛是相识多年的老朋友。当时代的脚步走到今天的时候,当一个教师的价值并非我们想象中那么"高"的时候,如果您还把自己太当回事,还把自己太当作教师,是不利于和家长交往的,也不会和家长真正地交成朋友,最多只能是表面的朋友而已。一旦您不再是他们孩子的班主任,恐怕就"人走茶凉"了。

教师放下自己的架子后,更容易和家长做朋友。

当教师和家长的关系处理好了,班级事务的处理和班级工作的开展就会顺畅许多。哪怕您在工作中有些许失误,家长也不会和您斤斤计较。家长为班级出力是有前提的,那就是:您这个班主任放低了自己的姿态,给家长一个班级主人翁的身份;班主任放下了教师的身份,和家长成了朋友。

四、创设舞台

(一)给家长创设舞台

家长是宝贵的教育资源,开发这个宝贵的资源是很重要的事情。毕竟,一个教师的生活圈子是狭隘的,而广阔的家长世界就是教育学生的知识宝库。或让家长现身说法,谈谈社会与人生,成长与价值;或给家长以机会,让他们讲述自己专业研究的东西,开阔学生的视野。例如,臻的爸爸是神经语言程序学高级教练,他就给全班上过一堂关于如何与他人沟通的课;皓的姑姑给全班讲过《最是惆怅陆放翁》,让学生了解陆游的理想与困境、抱负与惆怅……还有班会课的召开,都有不少家长参与进来,让小教室成了大世界。

(二)创造多样借力机会

向家长借力,形式可以多样,机会也可以创造。例如,我就采取了协商评语的方式向家长借力。

每到学期末，班主任都要给每个学生写评语，但是很多老师却没认识到评语的多项功能，仅仅作为一项任务来完成。在具体的评语写作中，在定稿前，我会征求家长的意见。征求家长意见的过程，其实就是借助家长力量的过程。

例如，高二下学期，内向、温和的萍竟然谈起了恋爱。我想通过评语达到教育的效果。在和萍交流后，我给她写下了这样一首诗当作评语：

江山如画／一生都享受不完／春风得意马蹄疾／这般那般／选择了江山／就注定了失恋／刘海望穿沧海／身后的莺歌燕舞／不抵白帆一片／手一握／浮萍如泥，遁隐瞬间／堪与不堪都不远

一个下午，我约了萍的妈妈，把这个评语展示给她看。尽管用语比较含蓄，她还是读出了女儿谈恋爱的事实，于是大怒。我告诉她："这件事情，我一直没有告诉您，不是我不负责任。我一直利用小本和孩子交流，因为我知道这种事情不能一棍子打死，只能慢慢引导。今天我把您约来，一方面是就评语问题征求您的意见，另一方面也是希望您能利用假期和孩子好好交流。"接下来，我就如何和孩子交流的问题与萍的妈妈进行了探讨。

为了孩子的将来，她的妈妈只向我提了一个要求：评语在警示孩子的同时要更含蓄些。尽管是挑战，我还是当面进行了多次修改。我知道，这可以让家长更加信任班主任，也可以让交流合作基础更加牢固。经过近10遍的修改，最终定下了这样一段评语：

二月一来／就剪开了春天／叽叽喳喳的阳光／把燕影藏在水下面／碧玉妆成的丝绦／笑弯了蛮腰／不妙不妙／影是燕好抑或燕是影好／浮萍无语／嘻嘻哈哈的鱼儿／快乐地吐泡／傻瓜，抬

头看看阳光 / 何须问那水草

修改的过程,既让家长感受到了班主任的辛苦,也赢得了家长的心,为此后家长为班级出力打下了坚实的基础。

附:弄拙成巧——一个借助家长化解尴尬的案例分析

梅老师:

您好!

今天班上有个学生影响课堂纪律,还跟老师顶撞,气得语文老师当时就把他带到办公室训话,课都不上了。恰好7号我抓到他上网,让他写保证书保证不影响同学学习,不影响老师上课,如再犯就请家长到校并自动退学。今天,我把他的保证书给家长看了,家长在办公室当时就哭起来了。然后,给我一个劲地赔不是,后来就带着学生回去了。中午,我听说有老师在校外遇到了那个学生,他对老师说:"再见,我退学了。"

请问梅老师:我是不是做得过分了?如果这个学生不来了我该怎么办?他是九年级学生,要是他来了我又该怎么教育?

[我的答复]

看到这个案例,有几个观点想和您交流一下,希望对彼此都有点儿启发。

首先,我觉得一个老师,不到万不得已不要请家长。因为任何一个学生都讨厌老师把家长请来,这样会为以后处理学生问题埋下隐患。何况从学校教育职责来说,学校里发生的事情,总是和学校有关系的,我们没有权力随时把家长叫来。每个家长都有自己的工作,人家也在忙呢。所以有人说,只有无能的老师才动不动请家长来。即使您请来了家长又如何呢？让家长教育孩子吗？如果家长一来就能教育好孩子，要老师干吗？从类似事件看，学生惹老师生气的事情多了，完全没有必要请家长来。单就这件事情看，这个家长还是配合学校教育的。如果家长真不来，您就被动了。

其次，任何情况下老师都没有权力停学生的课。停课让学生回家反省，从教育的角度说不对，因为耽误了学生学习。从法律角度看，教师是在做违法的事情，尽管我们常常不在乎这种事情。从实际效果看，让学生停课往往会使学生成绩变得更差，甚至会挫伤学生的积极性，很少有学生会因此而警醒。

再次，还有一个危险，就是这个学生万一不来怎么办，毕竟我们是做教育的。当然，也有些老师是以把"坏孩子"赶走作为成功的，这真是糟蹋了老师这个职业。当然，我能感觉到您是一位有责任心的老师，是一位内心柔软、心中有学生的老师。在这点上我很敬重您，由衷地敬重您。

最后才是该如何收场的问题。

其实，任何一次事故，都是班主任成长的契机，也是师生沟通的契机。从案例中我知道您有学生妈妈的电话号码，那就联系他的妈妈到学校来一次，别让学生知道；或者您和他的妈妈到校外的一个地方见个面。这是为了保护学生返校后的心理：如果事情尽人皆知，是不利于学生回归后融入的。和他的妈妈交流时，我认为应该表达三个意思。

第一，告诉家长，孩子就是孩子，大家都不能放弃孩子，做老师的不能，做家长的更不能，一定要对自己的孩子充满信心。您要向家长传递因担心家长对孩子失望才和家长交流的这一信息。在这里，您一定要挖掘学生的优点和家长交流，并表达您让学生离开的初衷。从案例看来，她对自己的孩子是失望的，不然不会哭。这样，您的表达就可以赢得家长的心。

第二，让家长配合演双簧。让家长告诉孩子，班主任给她打电话了，说老师很后悔，不该叫妈妈到学校而让你难堪。现在，怕你真的放弃学习，老师不希望影响你学习，还给妈妈分析了你的很多优点。老师认为你从现在开始好好追赶还是能考不错的高中的。这里，你一定要充分挖掘孩子的优点，给孩子一个跳一跳能够得着的目标。老师让妈妈通知你早点回学校学习，只当什么事情都没有发生。

这么做的目的就是借家长的口让学生立即返校。给学生的感觉是老师提前让自己回校，学生有面子。从老师的角度来说，让学生早点儿回校，可以避免很多尴尬，也不会使班主任感觉没面子。而且通过这种方式让学生返校会让他在心里感激老师。家长也会趁机教育孩子：你看你都这样了，老师还那么关心你的学习。这样就化被动为主动了。

第三，暗示家长，孩子回来后怎么和语文老师交代。这个事情您要调查清楚到底是谁的错。如果是学生的错，让家长暗示孩子给语文老师道歉。如果是语文老师的错，您就做好语文老师的工作，让他别跟学生计较。如果是学生的错就简单了，因为有了第二点，相信这个道歉他会发自内心地去做的。

最后要做的是，学生回来之后，你一定要和学生稍微谈谈。要私下里谈，别在办公室，不要说教。为什么是"稍微谈谈"，因为这时话多无益。谈话内容应该主要是安慰，主要表达不要因为这件事情影响他的学习这个意思。

几管齐下，我相信，您会收服这个学生的心的。隔几天，您再去关心他一次，他的情况就能基本稳定了。如果没有后续的关心，他可能会反复。教育是慢的艺术，所以，教师要反复地去做学生的工作。

人都有两点容易被感动：一是失落时送来的关爱，二是放弃时伸出的援手。两点您都做好了，这个学生可能会很感谢您。所以说，任何一次事故都是教育契机和教师自身成长的契机。

后续：该老师两周后给我发来消息："梅老师，如您所料，这个孩子和我亲近了，也改变了许多。感谢您给我上了一课，也让我明白了如何借助家长的力量艺术地处理班级事务。"

第四节　运用"五人"策略团结科任教师

一天,内蒙古自治区鄂尔多斯市的一个朋友向我抱怨说:"我们班的语文老师真差劲,学生上课睡觉都不管。"

我问他:"你说这是谁的错呢?"

"当然是他的错了,他上课的45分钟,班级就是他的责任田。"朋友理直气壮地回答。

"那你有没有想过他为什么不愿意叫醒学生呢?"

"他没有责任心呗!"

"如果是他自己的班级呢,他会不会叫醒自己班上的学生?"我继续追问。

"当然会了,因为那是他自己的班级。"

"那这就是你的问题了,你没有让科任教师把你们班级当作自己的班级。一个班主任如果不能让科任教师对班级有一种认同感,不能让科任教师做班级的主人,就不是一个成功的班主任。"

我的话让朋友点头称是,因为他总是觉得这个班级是他的,他是这个班的班主任,他理所当然地做这个班的主人,而科任教师都是配合他的教育者。有这种思维,哪个科任教师会用主人公的身份来为你的班级服务呢?

相反,一些班主任总喜欢背后说某个科任教师的不足,而科任教师也会背后说班主任的不是。如此离心离德,怎么可能将班级带好呢?如果说借力家长是最重要的借力的话,那么借力科任教师就是最直接的需要。

那么,如何向科任教师借力呢?我采取的是"五人"借力法。

一、做个明白人

要"明白"哪些问题呢？

首先，要明白自己的班级构建系统——需要做哪些工作，能够做哪些工作，能够做到哪种程度，需要采取哪些策略，等等。自己心中有数，才好和科任教师交流。这样，班主任自身的魅力就可以散发出来，让科任教师认为，这个班主任有两把刷子。可是，科任教师不是学生，您说他就会听。所以，班主任还需要明白班级事项的安排和预期效果。俗语说"不见兔子不撒鹰"，科任教师不见兔子，怎么可能跟您走呢？所以，班主任对自己将要开展的工作项目要把握好节奏，要有蓝图。要给科任教师传递一种感觉——跟我走，有好果子吃。让科任教师感觉到这么走下去有实惠，这是班主任团结科任教师的现实基础。

我在构建班级委员会的时候，就把班级委员会的优势以及班级委员会构建的目的向科任教师做了比较详细的介绍。科任教师认为，对我们班来说，这是比较可行的方案。就是因为科任教师比较认同我的观点，在委员会开展工作时，尤其是利用他们的休息时间帮学生探索以少胜多的规律和方法时，给学生做专题讲座时，他们都表现出了积极主动的参与意识，甚至是强烈的主人公意识。因为老师们知道，这么下去一定会有好的结果，所以也就愿意去做。

二、做个"让位"人

"让位"不是把班主任的位置让给科任教师，而是指别把自己放在班级的中心位置，而要放在服务者的位置。要有以下认识：我的存在就是为了在师生发生冲突时维护科任教师的正当利益；我的一切做法都向科任教师事先求教和事后汇报；班级的一切成绩都是大家努力的结果；这是我们的班级，而不是我个人的班级；等等。这样，就给科任教师一种归属感——"我对这个班级很重要,因为每一项措施我都参与制定,每一个步骤我都了如指掌。"这种身份的归属感是调动科任教师参与班级培育的情感动因。

例如,我和科任教师之间,如果科任教师带的是两个或者两个以上班级的课,如果他们对我说三班如何或者"你们三班"如何,我总是笑着说:"是我们班,我们班,哈哈,别把自己当作局外人。"科任教师也笑着回答:"好,好,我们班。"其实,他们心里是甜蜜的,因为这给了他们一种归宿——身份的归宿,价值的归宿。这就为营造班级和谐氛围打下了基础。

三、做个"泥人"

"泥人"不是随便让人捏的人,而是能够在学生和科任教师之间以及家长和科任教师之间、领导和科任教师之间充分借力,甚至学会"和点儿稀泥"的人。我们都懂得教育需要借力,在向科任教师借力的时候,也应该学会向别的对象借力,以便更好地向科任教师借力。例如,班主任要经常在学生面前赞美科任教师,这样学生自然就会对该教师有好感,自然就会有和谐的师生关系,科任教师自然就会爱上你们班,愿意为你们班做点儿事情;您可以"诱惑"家长采取不同的途径赞美科任教师,这种来自家长的"夸赞"是科任教师贡献力量的动力之一。赏识教育,不仅仅适用于学生,也适用于教师。

在班报《翠园东晓》第二期"班级轶事"栏目里,曾记录了这样一则轶事:

"你们三班交的作业比别班都整齐啊!"教生物的邹老师感慨道。"是啊,我们是艺术重点班啊!"老班自豪地说。谈起我们班,班主任总是很自豪。确实,我们班的作业最近交得很整齐，无论哪个学科。

（天琦供稿）

这个"轶事"的宣传，使得我们班的作业情况在很长一段时间内好于其他班。借科任教师之口，影响班级的日常规范，这是借力科任教师的重要落脚点。也借班报，委婉地赞美了科任教师。

四、做个有心人

所谓"有心人"，就是班主任心里要有科任教师，要为科任教师做一些力所能及的事情。例如，在 2010 年的元旦，我花钱让学生给每位科任教师买了一瓶护手霜。当别的学生都送贺卡的时候，甚至我所在学校的学生很少想起给老师送祝福的时候，送护手霜就显得很贴心。当然，尽管事后学生透露说是班主任自己掏钱给科任教师买的，科任教师还是很感动。在这样的前提下再向科任教师借力不就简单多了吗？当别班的科任教师说自己的学生是"白眼狼"的时候，我们班的科任教师感觉到的却是满满的温暖。例如，我还默默地记下了每位科任教师的生日，让学生在适当的时候为老师策划生日庆典。不少科任教师被感动得流下眼泪，然后对我说："你们班的孩子真懂事。"这时，我就会补上一句："错，是我们班。"于是，科任教师和学生之间的关系就融洽了。科任教师不傻，这活儿肯定是"军功章上有班主任的一半"，您说，还有哪个老师会给您拆台呢？做班主任不是说欠科任教师多少，当您的学生尊重科任教师时，科任教师就会尊重学生；当您尊重科任教师时，科任教师就会尊重您这个人。

这么做也很好地培养了学生的情商。

五、做个有主见的人

前面四点是策略性的选择，但选择"策略"不是要放弃自我，而是要获得科任教师的支持，从而更好地实现自我的规划。科任教师参与班级培育，但科任教师很难决策班级发展的路径；科任教师支持班主任的作为，但科任教师很难指引班级发展方向。因此，一个有思想、有规划、有条理的班主任在选择"策略"时可以有弹性，但在趋向目标时是需要坚持的。因为您要明白您培育班级是为学生负责的，选择"策略"是为了团结科任教师更好地达成目标。这个弹性策略和既定目标之间的融合相生，就会在无形中深化班主任和科任教师之间的情感。而您事先的规划一步步实现的时候（一定要说明的是，您的班级规划一定是基于班情、基于学情、基于节奏等的；要能够实现，而且能够较好地实现），科任教师的心理趋同感也会增强，这样您也就在"无为"中达成了对科任教师的引领。

只要处理好和科任教师之间的关系，把握好度和节奏、策略，那么您将是大有可为的班主任。自然，班级学生的情商、智商发展之后，您的班级也将是大有可为的班级。

第五节 让领导成为您的"棋子"

学校领导由于身份特殊，他们说的每一句话、做的每一件事往往都会对学生产生很大影响。作为班主任，您不能只想着尊敬领导或者怕领导到自己班上发现问题，而应该巧妙地向领导借力。

在我们班"班级展示"系列活动中，第 12 个节目——学生合唱之后是"高校长寄语"。为什么要请高校长来参加班级内部的展示活动呢？这就是巧妙地向领导借力。正常情况下，任何一个班级请领导参加班内活动并讲话时，领导一定会说出具有鼓励意义的话。身份特殊的领导说出的话和一般人说出的话影响不同，身份特殊的人的话对学生的影响是极大的。请高校长来参加这次活动就是想通过高校长讲话振奋班级的精神，为学生进入高三注入力量。

那天，高校长看了学生的表演、展示后，综合一年来班级发生的极大变化，非常感慨。她说了下面的话：

孩子们，今天我很感动，我为大家取得的成绩和优秀的表现而感动。一年来，我亲眼看到我们班在梅老师的带领下，在全体同学的努力下表现出极强的进取心，取得了优异成绩。

看看我们教室门口的荣誉牌吧，我们班拿了多少个第一啊！说实话，今天我也有些惭愧，当初分班的时候，从学校大局出发，将我们班弄成了一个文不文、理不理、艺术不艺术的班级。当时，大家的纪律最差、成绩最差，任何人，甚至包括家长，都没有对大家抱有多大希望。

今天，我为当初这个决策感到惭愧。我没有想到，一年时间，大家竟然取得了巨大的进步。在我做校长、当老师这么多年的经历中，还没有见过如此快的进步。孩子们，我为你们感到骄傲，为我们班自豪。我还有一个不敢想象——我不敢想象高三一年，我们班还能创造多少奇迹，更无法预测在未来的高考中会有多少同学考出令人惊讶的成绩！孩子们，我期待着你们创造出更多的奇迹，我相信你们一定能够创造出更多的奇迹！

我们曾经是被人看不起的班级，这次来自校长的"官方"肯定对我们班的学生是多么重要啊！仅仅是把校长请到班级，就可以给学生以精神的振奋，这种振奋甚至可以持续很久。如此，何不多借借领导的力呢？它比班主任苦口婆心更有用。

这是向领导的隐性借力。

还可以向领导显性借力。

我们班班级委员会制度的很多做法是不同寻常的，这种不同寻常如果没有领导的特许难以实施。为了赢得领导的支持，我到校长办公室把自己的方案以及可能存在的风险向领导做了详细汇报。目的很简单，不做肯定没有收获；做了则可能有收获，哪怕是死马当活马医，也恳请领导给一次"医治"的机会。就是在这样的背景下，我们班才开始尝试与众不同的班级委员会制度。

在班级运行过程中，我同样多次向领导借过力。最典型的莫过于"红黄牌"这件事了。

学校有个规定，凡常规检查各项都是第一的班级就发红色的免检班级牌。这是班级的最高荣誉，意味着下周可以不对该班进行常规检查，默认各项都是第一。如果单项是第一，就发单项的黄色牌子。我们班在取得了第一张"卫生"名片之后，又获得了不少单项第一，但是始终没有拿过一次免检班级牌。为了鼓励学生，我就"厚着脸皮"到了德育处，请求德育主任将本应发给别的班级的免检班级牌发给我们，当然我拿的依然是原来的班主任费，该发却没发免检班级牌的班主任拿免检班级的班主任费。

正是这次直接向领导借力，使得我们班的学生认为自己不比别的班级差，甚至还超过了其他班级。接下来，大家做事的劲头也就更足了。

所以，领导不是班主任的对立面，他们完全可以"为我所用"。

第六节　创设更广阔的借力平台

教育，不是点的工作，也不是面的工作，而是一种立体工作。正如不能盲目夸大教师的一句话、一个眼神对学生的影响一样，影响学生的因素也是立体的。很多班主任听了名师的讲座后，回去就试验，试验的结果往往是失败的。因为把整个带班体系的立体行为抽成块来模仿，肯定是要失败的。借力是一样的，也不是一个点的借力，或者一个面的借力，它需要多向的借力平台，班主任应该努力创造更加广阔的借力平台。

为了全方位借力，以班级设计宣传委员会的学生为首，班级学生一起策划创办了自己的班级报纸——《翠园东晓》，并策划了以下几个栏目。

一、《班主任随笔》

每期报纸的头版头条，是派给我这个班主任的文章——一篇千字文。奇数期的文章是写给家长的，基本主题就是"给家长朋友"。例如，在第一期，我就写下了题为"让孩子的生命因我们而美丽——致家长朋友"的文章。其中有这样一段话：

> 因着一段尘缘，您的孩子成了我的学生。因着这段尘缘，我们有必要让您的孩子、我的学生的生命，在与你我相处的时间里变得美丽。
>
> 前世的五百次回眸，才换来今生的擦肩而过。孩子能够与我们朝夕相处，这该是前世多大的修为才得来的缘分啊！如果让孩子美丽的花朵在我们的手心里凋零，上天会因此惩罚我们

的罪过。

　　因此，我会尽自己的能力和智慧，让您的孩子在我们班里健康地生活、成长。人的能力有大有小，但是，一颗爱心和责任心是我做事的立足点。因为爱着这些孩子，因为珍视这段不同寻常的尘缘，我会给孩子的成长提供广阔的平台，尽可能给孩子的发展提供帮助。

写给家长朋友，一方面，拉近了班主任和家长之间的距离，为向家长借力做铺垫；另一方面，也是与家长进行家庭教育方面的探讨。当时我的学生家长大多是公司老板或者生意人，他们的视野比较开阔，经历比较丰富。把家长们的经验和经历拿给学生分享是非常必要的。但由于他们平时较忙，家庭教育又相对是忽视的，于是借这个平台和家长一起探讨家庭教育，也显得更加有意义。

偶数期的文章是写给学生的，基本主题是"给我的朋友"——和学生一起交流情感、分享智慧，让他们感受到集体的温暖和智慧的力量。在第二期，我写下了题为"永远以积极的心态欣赏自己——致我的朋友们"的文章。其中有这样一段文字：

　　或许你经常告诉自己你很平庸，认为自己的一生不会有所作为。知道吗？我亲爱的朋友，坐在飞机上，高山亦是脚下；躺在山谷里，平地也高不可攀。不是山矮了地高了，而是你看问题的角度变了。看低自己的不是别人，而是你自己。在父母的心里，我们都是最高的荣耀；在我的心里，你们都是可以成就自己的人才。如果你有一丝自己会平庸的想法，父母会伤心的，我也会失望的。

我们总是强调与学生多交流，但交流方式不够多样化。在各种教育杂志上，我们看到过太多面谈的神话，只是忽略了一个基本的事实——孩子越来越生活在自我的世界里，很多时候谈话根本不会进入孩子的内心，而书面交流却是打开孩子心门的一把很好的钥匙。一如上面这段文字，我不求每一个学生都能理解，但我相信它是可以影响一部分学生的。诚能如此，不也就够了吗？

二、《班务速递》

《班务速递》就是将近期班级发生的事情，以通讯报道的形式向外界介绍。例如，第一期介绍了"我们的班级公约"，第二期以"只要找到路，就不怕路远"为标题，介绍了我们班的变化和召开班级圆桌论坛的情况。

这个栏目的设立，除锻炼学生捕捉新闻和新闻写作的能力外，还有两个目的。一是沟通家校。让家长及时了解班级的动向，让家长对班级充满信心，支持班级的工作。二是借力。《班务速递》除面向学生及家长外，还面向其他班主任和学校领导。面向其他班主任和学校领导，不是为了表现和献媚，而是想借助他们的言语反馈来形成我们的班级荣誉感，增强班级凝聚力。

三、《向您汇报》

它是以一句话新闻的形式向外界传达班级事务，同时营造文化氛围，引导班风建设。例如，班报上有下列内容：

1. 成立了班级委员会，打破了原来班委会由班长、副班长等组成的班级管理体制，让每个同学都做班级平等的一员，构建了"让每个同学都做班级的主人，让每个同学都获得最大可能的发展"的理想班委会。

2. 学校举行了第十二届运动会,我们班团结一心,奋力拼搏,取得了五个第一、三个第二,并打破了两项纪录的好成绩。

3. 班级精神风貌焕然一新,我们获得了校运动会精神文明奖,并首次获得了学校纪律达标班级称号。

诸如上面的内容,既向家长、学校、他人传递了班级欣欣向荣的景象,又可以让学生从点滴小事中感受到班级成长。对班级发展来说,起点低不是大碍,关键是要让学生每天都能感受到进步,而这种进步恰恰是班级进一步前进的动力。

四、《班级之星》

挖掘班级优秀人物,让家长、学生和领导广泛知晓。每期班报介绍两名学生,尽量写出有诗意的文句来,以体现出我们班学生的文化修养。

例如,第二期推介的"班级之星"是楷玲:

微笑天使楷玲

思思,其实是她的曾用名。

思思很开朗,也很幽默;思思很爱干净,也很漂亮,是那种气质型美女。

思思在唱歌、跳舞、绘画等很多方面都有天赋,是那种多才多艺型女孩。

她学习表演、播音,她热爱艺术课。每次上艺术课时,她都很认真。每次上舞蹈课,她都会训练得大汗淋漓。但她总是微笑,从来没有抱怨过,哪怕再苦再累。

上周，她发烧到了38℃。医务室的阿姨要她回家挂盐水休息，她很不情愿。离开学校的那一刻，她的脸上洋溢的仍然是灿烂的微笑——"等我回来！"她说得很轻松，而我们的心却很沉重。

可是，没过两天思思就回到了学校，她说她的烧退了。仅仅上了一个上午的课，我们就发现她不对劲了。她连声说"没事"，我们几个还是把她"绑架"到了医务室。一量，39℃！这次，她死活都不肯回家，总说"过会儿就好了"。说话的同时，她脸上挤出的笑容让我们感受到了什么叫"楚楚动人"，就是她那凄楚的笑容让我们感动和担心。其实，我们是知道的，她是怕落下太多的课程，而落下了就很难补上。

她，把学习看得很重！

思思，其实就是我们的学习榜样和微笑天使——楷玲。

2009年11月9日

（珍贞供稿）

"或许每个孩子都是平凡的存在，但你如果告诉孩子'你就是天使'，那么这个孩子就可能扇动起隐形的翅膀，飞到理想的天堂。"即使这些学生并没有介绍里所说的那么完美，甚至还有不小的差距，但这个形象一旦推介出来，对被介绍的学生来说，这就成了他（她）前进的方向。而被介绍这一行为本身，对学生来说就是莫大的鼓励，毕竟他（她）会因为这份班报而一下子"闻名"了。这也是我将班级报纸向家长、其他班主任和学校领导分发的原因之一。

五、《班级轶事》

它是整个班报最重要的栏目。让学生用自己的眼睛发现班级中美的故事，用笔记录下来，用形象影响形象，用行为优化行为。现从不同角度摘录一些片段：

1. 小雄傍晚请假，班主任猜想他可能不想学习，想在家里待一晚上。于是，趁小雄没有注意，班主任把返校日期改成了第二天上午。回来后，小雄在小本上写道："老师，您真善解人意，正因为如此，我必须当晚返回，我不想辜负您的苦心。"那天18:10之前，小雄回到了教室。（小雄应该会很少迟到了，而班上的其他成员也会受到影响。）

2. "你小子还喝咖啡啊！"班主任调侃小诚。"我怕上课睡觉，影响班级形象。"班主任轻轻地拍了一下小诚的肩膀，眼睛里闪过一丝感动。（那些上课睡觉的孩子，会不会有所触动呢！会的。）

3. "妈妈，我坐在教室的后面，看不清楚。"个子不大的小贞在电话里对妈妈说。"那我跟你们班主任说说，把你往前调一下！"一向爱孩子胜过自己的妈妈说。"不要，我只是和你说说而已，班主任换个位置很难！"知道了这件事后，班主任很感动——一个为了集体的利益而牺牲自己利益的学生，不是我们这个班级所渴望拥有的吗？（排位很难，贞的行为会不会影响其他孩子，让他们学会理解、宽容呢？）

很多时候，教育是脱离生活的空洞说教，而教育一旦与活生生的生活相结合，一旦与学生的亲身感受相结合，就会产生很好的效果。让生活本身教育学生，有时要比千言万语有用得多。

前面提到过一个班级委员会展示的节目单，其中有个节目是"邀请马老师和王老师参加活动并表演节目"。班级报纸也会发给其他班级的班主任。这就是我创设的向其他班级的班主任和同学借力的平台。请别班的班主任来参加班级活动、表演和讲话，是显性借力。这自然就会引起别班学生的羡慕，而这种羡慕就是凝聚我们的力量。班主任们的讲话，和领导的讲话效果是一样的，他们的赞誉会让学生感到自豪。

　　当然，借力的方式和对象还有多种。例如，你可以邀请名师做远程顾问；你可以把要做的宣扬出去，让别人的期待成为自己前行的力量；你可以利用博客；等等。无论怎样，一个班主任只有懂得放低自己，调动各方的力量为教育服务，才能使教育效果最大化，才能使自己的班级充满活力，才能使学生的发展渠道广而视野宽。因此，教育借力也就构成了"培育—发展"班级理念的第二个核心支点。

第四章

为学生的成长提供不竭的动力

从小学一年级甚至幼儿园开始，我们就教育孩子要好好学习，可为什么到了高三，甚至大学，还有那么多学生不知道好好学习呢？忙碌多年，效果去了哪里呢？

第一节　破解教育无效之谜

不少朋友喜欢问：为什么我们苦口婆心教育孩子结果还是不佳？

为什么我们的教育往往没有效果，这是一个非常普遍，几十年来一直困扰我们的问题。从小学一年级甚至幼儿园开始，老师就教育学生要好好学习，但是数年之后我们看到的依然是大批学生不好好学习。从小就教导孩子要爱护环境，可是我们仍然看到不少乱丢垃圾者。如果教育真的有效的话，每个经过教育的学生都应该不乱扔垃圾才对啊？……

我们的教育干什么去了？是什么导致了我们的教育无效？

不妨再来回顾孙绍振老师的那段文字：

> 一个人的内在心理结构，从表层到深层都具有相当的稳定性，即使外部条件有了某些改变，例如父母的责备、老师的鼓励等等，人的心理，在表层也可能做出一些调节，例如痛下决心、用功读书之类，但是其深层是超稳定的，表层的一般调节不会影响到深层的稳定，因而表层的调节，尽管是真诚的，但不用多久，就会被深层结构的反调节所消解。

这说明学生的内在心理结构非常稳定，老师对学生的每一次教育活动通常只是对学生稳定的心理结构的表层调节而已。因为稳定的内在心理结构具有很强的反调节能力，一次教育的表层调节随着时间流逝又会被反调节回来。例如，今天的班会主题是"好好学习"，在这个班会课上，无论您采取了多少种方式，使用了多少个示例来呈示学习的重要性以及好好学习的必要性，学生虽然可能在这个班会课上灵魂被深深地触动，但是，他稳定的内在心理结构的反调节能力，会使这份触动过不了多久就消失殆尽。

为什么会给学生稳定的内在心理结构反调节的机会呢?这就涉及教育要培养什么样的人的问题。我在网上搜索了一下"学校教育要培养怎样的学生",结果出来让人大吃一惊:遵守纪律,关心别人,诚实守信,礼貌待人,与人合作,与人为善,关心他人,坚忍不拔,宽厚仁慈,自信执着,较强的语言表达能力,丰富的想象能力,一定的计算和逻辑推理能力,德、智、体、美、劳全面发展,具有祖国情怀和国际视野,从与社会、自然、自我等几个关系出发在家庭、学校、社会和大自然中体验、感知做人做事的道理,具有爱国心、责任感,具有独特个性,具有一技之长,具有探索精神和冒险精神,能够感受学习快乐、爱学乐学,忠厚孝顺,能够感受生活美好……是啊,这么多条内容,如果每个都成为一个班会课主题的话,开一轮过来是需要很长时间的。

如果小学一年级第一次班会课的主题叫"遵守纪律",下次召开这个主题班会课估计要到二年级了吧。哪怕是到一年级第二个学期,第一次的教育效果是不是早就到了爪哇国了呢?可是我们的教育是不是一年级召开了一遍的班会课主题,二年级再轮回或者大体轮回一遍呢?直到高三,这些主题还在轮回。自然,这就给了心理的反调节机会,而且这个空当非常大。想起了当年的一道高考题中的一幅漫画,名叫《挖井》。

某人挖井,还没挖到水层,就大喊"这里没水,换个地方再挖",于是就离开了,直到最后还在抱怨没水,只好失望而去。其实,水就在更深一点儿的地方。但他却没有坚持深挖下去。当下的教育实践是不是也是如此呢?第一个未完成的井如果说是一年级的话,是不是后面几个未完成的井就是以后的几个年级呢?一年级那次"遵守纪律"的班会还没让学生真正达成这个目的,就开始了下次以"好好学习"为主题的班会,不就是没挖着水就离开再挖另一口井的行为吗?不同的是,挖井人还可以留个坑,而教育连个坑都不留,因为学生稳定的内在心理结构的反调节能力,早将"坑"给填平了。

问题的关键就来了:一是教育目标真的需要这么多吗?二是主题教

育的周期应该是多长？

朋友们回头看看笔者罗列的一系列教育目标，真正具有操作性的有多少？就如班会课，有定义说，班会课是学校教育中的一门课程，是班主任向学生进行思想品德教育的一种有效形式和重要阵地。简言之，班会课就是对学生进行思想品德教育的阵地。我在很多地方讲课的时候，都强调"正是由于人们总是将班主任的工作简单地定位为德育工作，将班会课定位为对学生进行思想品德教育的阵地，班主任工作才会陷入困境"。从心理学角度看，学生，尤其是处于叛逆期的中学生，最讨厌的往往就是说教，就是那些动不动就上纲上线的教育。从教育学角度看，教育的核心不是教，而是育。段惠民老师说，育人就是育心。而"育心"就是使学生的内心丰盈、宽厚、包容、进取，是灵魂的内在激活，让学生被激活的灵魂成为发展自我的内在驱动力。这是一个学生可持续发展的基本前提。可惜，"德育者"们却视而不见，反而用最难以实现的"道德灌输"取代灵魂激活。试想，是不是有一种途径不对学生进行所谓的道德教育，也一样可以使他们健康向上呢？如果有，为什么非要直接指向德育目的而不选择迂回前进呢？这样分析下来，一旦整合教育目标，恐怕它就所剩无几了，君不见某些世界名校只有十来条法则吗？这样的教育主题循环一轮，所用时间就会大大缩短，教育效果就会好许多。

一个主题的教育应该持续多久？行为心理学的研究表明，21天以上的重复会形成习惯，90天的重复会形成稳定的习惯；即同一种心理趋向，重复21天会成为习惯的心理趋向，重复90天就会形成稳定的心理趋向。这告诉我们，教育如果要取得效果，就必须围绕一个主题，每天重复，连续21天以上；如果要达成教育目标，就必须连续90天。

倘若整合教育目标，每一个目标连续进行至少90天的教育，不就可以不给学生的心理反调节"得逞"的机会了吗？教育不就可以有效了吗？您这样做了吗？没有！这就是教育无效的重要原因。

第二节　培养具有可持续发展能力的学生

如果不给学生稳定的内在心理结构反调节"得逞"的机会，就必须追寻教育的终极目的是什么，也就是教育要培养怎样的学生的问题。

第一章我们分析过，一个教师从知识价值或者人格价值来看都不可能做学生成长的路标，一个教师能够做的有很多，而该做的只是做一些"土地"的工作，为学生的成长搭建动起来的平台；然后做一点儿"化肥"的工作，为学生的成长提供动力。上一节我们在分析教育目的时发现，这些教育目的的基础是施教者"我"的立场，是施教者高高在上的立场。这种延续已久的颠倒行为，致使教育目的杂乱无章，繁而无序。自然也就造成了教育现实当中的"眉毛胡子一把抓"，结果什么也抓不到。

教育目的是什么呢？杜威（John Dewey）提出，教育即生长，生长就是目的，在生长之外别无目的。这说明教育就是要使每个人的天性和与生俱来的能力得到健康生长。"生长就是目的，在生长之外别无目的"，这是特别反对用狭隘的功利尺度衡量教育。人们即使承认了教育即生长，也一定要给生长设定一个外部的目的，比如将来适应社会、谋求职业、做出成就之类，仿佛不朝着这类目的努力，生长就没有了任何价值。用功利目标规范生长，结果必然是压制生长，实际上仍是否定了教育即生长。生长本身没有价值吗？一个天性得到健康发展的人难道不是既优秀又幸福的吗？就算用功利尺度（广阔的而非狭隘的）来衡量，这样的人在社会上不是更有希望获得真正意义上的成功吗？当下的教育者中，有多少是为学生本体服务的呢？还是不自觉地把自己不一定正确的思维自以为是地强加给学生，把众多的"无理"给"合理化"了？

一、积极的心态

"培育—发展"班级理念主张，学生需要具备的第一个特征是积极的心态。

我们所主张的"积极的心态"包括两个关键词：向上、平和。

研究表明，任何一个孩子内心都有向上的欲望，都有向上的内在驱动力。正如一粒种子，无论在哪块土地里，它都有向上生长的基因，都有破土的原始动力。老师不能规范学生长成什么样子，但老师可以给学生搭建适合他们成长的舞台，可以给他们的成长提供动力。

平和，就是用淡定的、包容的心态来对待生活与人生。唐晓龙在《修炼当下的快乐》一书中介绍：心理学家认为，在人们担心的事件中，有40%都是杞人忧天，那些事情根本就不会发生；有30%是既成事实，担心也没有用；有20%的担心是事实上并不存在的病状；剩下的10%，是日常生活中一些鸡毛蒜皮的小事。总体而言，人们很多时候是在自寻烦恼。

一天，珍珍的妈妈打电话给我："梅老师，珍珍的心情不好，她想回家调节一下，向您请个假。"我很奇怪，心情不好就回家调节，谁还没个心情不好的时候啊！

于是，吃完午饭后，我把珍珍叫到了身边，说："丫头，怎么不把我当朋友了？"对每个学生我都是这样，女孩称作"丫头"，男孩一般称作"你小子"。

珍珍忽闪着大眼睛，说："没有啊！"

"没有还说心情不好，要回家？"我有时候是一针见血的，"有什么话不能跟我说啊，还要请假回家，让妈妈担心你？"

"我和天赐吵架了。"珍珍小声地说。

哦，我恍然大悟，怪不得生活老师说今天天赐身体不舒服，在宿舍休息呢。

经过调查，我终于弄清楚了她们吵架的原因。真是让我哭笑不得。原来，作为同桌的两个人为一个叫小丽的女孩吵架了。珍珍说小丽不好，因为小丽在短短的一年时间里谈了几次恋爱，认为她太不自爱；而天赐认为小丽是个好女孩，因为她总是很仗义，并且帮了自己很多。

这种为了和自己不相干的事情而心情烦闷、忧郁的学生，当下越来越多了。倘若每个学生都拥有积极的心态，他就会具有良好的自我调节能力，多一些阳光，少一些烦恼；倘若每个学生都明白很多时候是自寻烦恼，看到自己想要的，而不看自己不想要的，他就会多一些自信，少一些懦弱；倘若每个学生都能看到别人的优点，少注意别人的不足，他就会多一些宽容，少一些狭隘。

一天，天气很好，怀海禅师陪伴马祖道一散步。二人正走着，一群野鸭从他们头上飞过。

马祖道一停下脚步，问："是什么？"

怀海禅师答："野鸭子。"

马祖道一又问："到哪里去了？"

怀海禅师答："飞过去了。"

怀海禅师话音刚落，马祖道一就在他的鼻子上用力拧了一下，怀海禅师疼得大叫。马祖道一说："又说飞过去了。"

怀海禅师摸着鼻子忽然悟到了什么。

第二天，马祖道一给弟子说法，怀海禅师突然站起身来准备退出，马祖道一见此，便要他和自己一起去丈室。

在丈室里，怀海禅师对马祖道一说："我的鼻子被师父捏得很疼。"

马祖道一于是问他："昨天想到什么了？"

怀海禅师答："鼻子今天不疼了"。

这次马祖道一没有拧他的鼻子，而是用手指轻轻敲了敲桌子表示认可。

鼻子昨天疼而今天不疼，但鼻子还是鼻子，不会因感觉不同而有所改变。而现实当中，有几个人会守住本我呢？汲汲于别人的赞誉而沾沾自喜，哪怕标榜着淡定的人，也在美丽的言语中摇摆着自己的身体。纠结于别人的片语诋毁而郁郁寡欢，哪怕标榜着放下的人，也在恶意的言语中慌乱了自己的灵魂。真正平和的心态，属于能够淡看别人的言论，始终把握自己灵魂的人。一个人，只有内心淡定、平和，守好自己的灵魂，最终才能成为真实的自己。

积极的心态，是人调节自我与外界关系的必需，是当下指向成长的选择。

西塞罗（Marcus Tullius Cicero）说："教育的目的是让学生摆脱现实的奴役，而非适应现实。"蒙田（Michel Eyquem de Montaigne）也说："学习不是为了适应外界，而是为了丰富自己。"孔子也主张，学习是"为己"而非"为人"的事情。古往今来的哲人都强调，学习是为了发展个人内在的精神能力，从而在外部现实面前获得自由。正是凭借这种内在自由，这种独立人格和独立思考的能力，那些优秀的灵魂和头脑对于改变人类社会的现实发生了伟大的作用。教育就应该为促进内在自由、产生优秀的灵魂和头脑创造条件。如果只是适应现实，要教育做什么！（周国平《教育的七条箴言》，引用时略有改动）

二、优秀的思维品质

思维品质是指思维的深度、广度、逻辑性、流畅度等的综合体现。"培育—发展"班级理念认为,学生需要具备的第二个特征是优秀的思维品质。

只有懂思考、会思考,思维品质较好的人,才是能够适应未来的人。可是,时下很多时候教育用知识的填充取代了思维的锻炼,忽视了培养学生的思维品质。不少老师都曾埋怨过学生死脑子,脑筋不会转弯。可是,亲爱的老师,您有没有在日常教育中培养他们的思维品质,有没有把他们的思考习惯培养作为教育目标来实施呢?很显然,通常没有!那么,您又何必埋怨学生呢?

作为班主任,为了培养学生的思维品质,在处理学生问题时,我曾经采取过两种措施:一是让学生自主出方案,但前提是不能让班级失分;二是学生如果能说服我就可以免除惩罚。这两种做法都是为了培养他们的思维品质。

> 臻的手机被学部收缴了。
>
> 和我们班很多学生一样,犯错后,他先找到我。
>
> "老师,手机被领导收了。"他有些不好意思。
>
> "没什么啊,呵呵,又不是我的,大不了你不用呗。"我一向如此,不喜欢在学生面前一本正经。"给个解决方案,或者给一个能说服我的理由,你就可以解决这个问题了。"
>
> "方案没有!"他很直接。的确如此,将手机拿到教学区,是学部严禁的。轻则警告,严则记过。
>
> "那怎么办呢?"我其实也没有办法,"说不定还要接受学部的惩罚,莫斯科不相信眼泪,去吧,好好学习去。"
>
> 臻没有离开,忽然换了一种语调:"老师,你说做对了事情

该不该受惩罚?"

呵呵,这小子。我摸了摸他的额头。"没发烧啊,你小子怎么说起胡话了?"

"别管那么多,回答我的问题啊!"

"那不废话嘛,做对了事情当然不该受惩罚!"我有些丈二和尚摸不着头脑,心想,这小子肯定有阴谋。只是再大的阴谋也不至于脱离手机问题吧。没事,小子,我还不信搞不定你!"说吧,有什么企图?"

"嘿嘿,在老师面前哪敢有什么企图啊,就是瞎聊聊呗。"他嬉皮笑脸的,犯错了还这副模样!"老师,你是不是觉得我犯错了?"

"这不废话嘛!难不成你带手机还带对了啊?"

"老师,别这样啊,现在是纯属闲聊,纯属闲聊。"我们班学习表演、播音的都这副模样,在我面前没大没小的。

"你说,人是不是都有犯糊涂的时候?"忽然,他的表情有些严肃了,"你说,我怎么就这么糊涂呢!"一副自省的样子。我这个人最大的缺点就是心软,一看到学生痛心疾首便大多以温存对待。

"是人都会犯错!"

话刚落音,他来劲了。"哈哈哈,你的意思是说,犯错是正常的?"

"当然,除非你不是人。"

"那我犯错也是正确的喽,做正确的事情就不该受惩罚,是不是?别回答,刚才你说过不该受惩罚的!"这哪里有我插话的机会啊,他的话如连珠炮,一串串蹦出。

我无语!"好好,我帮你求情,争取免予处分!"

我幡然醒悟,一连串关于"计策"的名词全出现在脑海里,只是,已经上当了!

尽管他有些偷换概念,但我无话可说,只好帮他讲情去了。不过,心里还是有些欣慰的。毕竟,我设置"说服我"这个处理问题的环节,不就是为了锻炼学生吗?学生在绞尽脑汁想逃避惩罚的时候,不是在进行着思维锻炼吗?

培养学生的思维品质,是当下指向未来的选择。

不少朋友会问,把整个教育的目的就落脚为积极的心态和思维的品质这两点,学生的德育怎么办?万一他学坏了呢?

您觉得会吗?一个积极向上的学生,能够用淡定、包容的心态对待他人的人,能够坏到哪里?一个具有高水平的思维能力、积极向上的心态的人,还用得着对他进行几十个方面的教育吗?这样的学生成长充满动力,懂得如何处理自我与外界的关系,不就是可以成长好,不就是可以很好地指向未来吗?用教育的现在,指向学生成长的未来,或许教育本该如此吧。所以,我们认为,具备了积极的心态和优秀的思维品质的学生,就是具有可持续发展能力的学生。学生都具有了可持续发展的能力还不够吗?此外,您还要什么呢?

第三节 科学班会课的三大特征

班会课,是教育的重要舞台,但班会课怎么开,开什么,却是一直没有得到很好解决的问题。

首先,要明白的一个问题是,班会课不是班主任用来安排任务的课,也不应该是用来总结经验、分析问题、提出要求的课。因为这些事情任意找个时间都可以解决,如果用这些事情来占据一个可以用来做大教育的舞台，那是得不偿失的。可惜，很多班主任却在做着这样的事情，放着好好的班会课不去利用，却在每时每刻做着"补洞"的工作，所以整天劳而无功，抱怨满腹。

那么，班会课该如何开，开什么呢？

如果将学生内在心理结构的稳定性比作橡皮筋的原始伸缩度的话，我们就会发现每拉一次橡皮筋，松开手后，它就会回复到原位。如果我们朝着同一个方向一直拉下去，即使它能够缩回，也很难回复到原初的状态。对一个学生的心理调节也是如此，如果我们朝着同一个方向连续不断地去做表层的调节，长期下去，就可以影响他的内在心理结构的稳定性，使其朝着教育需要的方向做出改变。因此，如果班主任要达到对学生进行教育的目的，班会课就需要具备第一个基本特征——持续性。

一、持续性

行为心理学的研究表明，如果要想让一个学生形成一种习惯，就要让他连续重复同一种行为至少 21 天；如果要形成一种稳定的习惯，就要重复至少 90 天。而要改变学生，或者说教育要取得效果，就需要让习惯稳定下来。这里所说的持续性，是说如果要改变学生心理结构的内在稳定性，巩固教育的成果，就需要连续至少 90 天的教育活动。

有的老师可能会问，连续 90 天都开班会，累不累啊？是的，是累，但需要连续开 90 天班会，这是科学。如果您想达成教育目的，您必须这么去做。解决这个问题的方法有两个。一是把班会课分为大班会与小班会。大班会是学校规定的每周召开的班会；小班会是每天抽出一小段时间来召开的班会。二是工作让渡：把大班会课的设计、组织等交给委员会去做。哪个委员会的方案好，就采用哪个委员会的方案，并由他们组织。这样，既可以培养学生的思维力，又可以锻炼他们的综合素养，还可以缓解班主任的工作压力。小班会由各委员会轮流组织召开。

时下班会课是怎样一种状态呢？每周一次！一周一次的教育，学生稳定的内在心理结构的反调节能力会将它的效果消解殆尽。更有一些班主任，两周甚至更久才开一次班会。尤其是毕业年级，为了分数，有的直接将班会课取消。殊不知取消了班会课，您就失去了非常宝贵的给学生动力的舞台，须知"磨刀不误砍柴工"啊。

再回到橡皮筋的比喻上，如果我们持续不断地去拉它，但是每一次拉动的方向都不一致，最后还是等于没拉。因为在一个方向上拉动一次，在你松手之后它会回复到原位，在另一个方向上拉，你松手之后，它依然会回到原位。这样，你拉多次之后，它就多次回复到原位，还是等于没拉。因此，班会课的持续性不一定能起到作用，还需要在同一个方向上拉。于是，就有了班会课的第二个基本特征——系列化。

二、系列化

如前述漫画上的人之所以没有挖到水，就是因为他老是挖一个坑换一个地方，结果呢，无论他挖多少坑，如果不能在同一个位置深挖下去，他就永远不可能挖到水。

班会课需要课程化，否则往往就会继续上演"教育努力千千万，最后狼藉一片"的剧情。现实往往是，班会课一次一主题，次次满盘沙。对班会课的研究也往往停留在召开的形式上或者某次班会的内容上，研究如何使"这一次"班会课开出效果、开出花样。殊不知，"这一次"班会课，无论你开得多么精彩，它都是个体的存在，几天以后学生心理的反调节能力就会使它的教育效果消解殆尽。

怎样才能够实现课程化呢？从"培育—发展"的学生培育观来看，就是要紧紧围绕培养学生"积极的心态"和"优秀的思维品质"两个基本落脚点，将其分解成系列小的班会课主题，进而形成一个"一体两翼"的班会课系统。

例如，笔者曾经根据自己的理解将"积极的心态"分解为下面五点：

①永远以自豪的姿态眺望远方。
②永远以宽广的胸怀容纳世界。
③永远以热忱的态度对待集体。
④永远以感恩的心态对待他人。
⑤永远以积极的心态欣赏自己。

然后，将每一点分解为20个小话题来开展工作。同时，我会利用班级报纸等平台对这些条目一一进行解读。例如：

永远以积极的心态欣赏自己
——致我的朋友们

因着一段尘缘，你我拥有了这份情缘。因着这段尘缘，我成了你的夕阳，你成了我今生美丽的风景。

无论在别人眼中你们如何，无论你在自己的眼中如何，在我的眼中，你们是一朵朵花蕾，一朵朵可以绽放出无穷美丽的花朵。在某年某月我被别人放弃过，我被别人鄙视过。我绝对不能鄙视我亲爱的朋友们，鄙视在这所学校里我的精神寄托——你们！我想让你们感受到爱，一种源于人性最深处、最美好的爱；我想让自信的种子在你们心中发芽，让进取的秧苗在你们心中成长，让每一天的阳光在你们眼中都是升腾的崭新的希望！

或许在某个时刻，你陷入了极度的失望，认为自己一无是处，这个世界一片黑暗。亲爱的朋友们，知道吗？最无助的时候，别幻想任何人的帮助，这个世界上能够安慰自己的只能是自己。数年前，我也有过如此心态，那个时候我告诉自己，即使世界上所有的人都不再爱我，我要爱我自己——我要用自己的爱温暖自己的心灵，用自己给予的温暖温暖自己的明天。古人云"无欲则刚"，当你对他人少一点儿要求、少一点儿渴望，对外界少一点儿苛求时，你的世界将满是阳光。

或许在某个时刻，你为自己的成绩担忧过，认为以当下的成绩并不能达成自己的目标、满足家人的期望。亲爱的朋友们，你还记得吗？那首著名的《人在青山在》，只要生命还在，希望就在；只要你还在，就不应该悲哀。世界上最难逾越的不是高山，而是我们迈开的第一步。人生最大的悲哀不是你不能达成目标，而是你根本没有朝着目标的方向努力前进过！只要你每天比别人做早一点点儿，只要你每天比别人做巧一点点儿，只要你每天比别人做多一点点儿，只要你每天比别人做好一点点儿，鲜花就会向你招手，笑容就会为你绽放。

或许你经常告诉自己你很平庸，你认为自己的一生不会有所作为。知道吗？我亲爱的朋友，坐在飞机上，高山亦是脚下；躺在山谷里，平地也高不可攀。不是山矮了地高了，而是你看问题的角度变了。看低自己的不是别人，而是你自己。在父母的心里，我们都是最高的荣耀；在我的灵魂深处，你们都是可以成就自己的天使。如果你有一丝自己会平庸的想法，父母会伤心的，我，也会失望的。

我们是独一无二的风景，朋友们，张开你的慧眼欣赏美丽的自己吧。

您的朋友：洪建

2009 年 11 月 11 日

可能有朋友会问，这是多么浩大的一个工程啊，怎么可能完成呢？

当您提出这个问题的时候，您又忘记了自己的价值和作用。其实，您的学生、科任教师、班主任同事、家长等都是可以帮助您完成任务的。

老师们或许会问：您不是说老师没有资格也不应该引领学生吗？怎么这里又用系统化的班会课来引领学生了呢？

三、励志性

是的，我们没有资格引领学生成长，这涉及班会课的第三个基本特征——励志性。

如果学生是一粒粒种子，我们无法规定他们长成怎样才是栋梁之材，但是有一点是不会错的，那就是向上长。所以，我们给种子的是化肥，是一种向上长的力量，这种力量通过励志性的班会给予。可能又有老师会问，如果学生是种子想长成参天大树的话，你需要砍去旁逸斜枝啊？我想说的是，您知道该砍哪个枝条吗？或许您砍掉的那个枝条恰恰就是这棵树的价值所在呢！何况，谁说只有长成参天大树才算是成材呢？那些贴着地皮的花花草草抑或灌木不也是别样的风景吗？

正是因为老师无法框定和指引学生的成长方向，我们只有在"向上长"上做该做的事情，给学生成长的力量。

我们必须承认，做励志教育的人很多，学校也会在关键仪式，例如中高考倒计时 100 天，或者成人仪式上，进行励志教育。也有不少班主任进行的是长期的系列性励志教育，但并未取得良好的效果。原因何在呢？很可能是因为没把握好节奏！

是的，励志教育最关键的是把握节奏。

说到底，励志也是在改变人的内在心理结构，一个由改变表层开始到逐渐改变内在结构的过程。改变心理表层就如拉橡皮筋，如果突然用猛力，其结果要么是把橡皮筋拉断，要么是它的反弹力伤了拉它的人。这就是打鸡血式励志的危险所在。我们拉橡皮筋时，一开始比较好拉，越往后拉得就越费力。人的心理也一样，越到后期，内在心理的反调节能力就越强。很多人对这个事情有过误解，认为改变学生的内心和看病一样：一开始病重，就下猛药，看着好转，逐渐减少药剂量。其实，这正好和如何改变学生的心理是相反的。如果凭空给学生来一段猛烈的励志教育，他会感觉很突然，而后续的"剂量递减"恰恰给了心理的"反调节"可乘之机。

所以，动力的给予是有节奏的，一个由缓到疾的节奏。经过多年实践，我们认为励志教育要分为三个阶段。

第一个阶段，以形象影响形象。用身边积极向上的人和事来影响身边的人。现在的学生，很难用伟人事迹来激励，但身边的人和事却很容易触动他们的心灵。为此，这个阶段，班主任要善于发现班级里发生的积极向上的事情，发掘积极向上的人。或者构建一种学生相互点赞的班级氛围，营造积极向上的班风。

这个阶段需要持续至少21天。只能在至少21天之后，我们才能考虑采取其他方式。

第二个阶段，寓教于乐。要用比较快乐的方式让学生感受到向上的力量，而不能让他们感受到任何说教的痕迹。我们可以采取心理舞台剧的方式，也可以采取歌曲联唱的方式，还可以采取其他方式。这个阶段需要持续30天以上，但不宜超过50天。选择的内容要有一定的触动性，因为这是比第一个阶段稍猛的阶段，否则效果不会明显。

说实话，我尝试过很多种做法，例如看励志视频，请优生现身说法等，都没有取得多好的效果。多次实践之后，我选择了每周一歌。每周让大家集体选择唱一首励志歌曲，每个课间大家都可以唱。由于是每周一首，学生还在兴趣点上的时候，就换第二首歌曲了。

看到这里，您是不是笑了？每周一歌，没啥新鲜东西，我都做过，也没见有什么效果。

是的，如果每周唱一首励志歌曲有效的话，那带着学生去唱《真心英雄》《骄傲的少年》《夜空中最亮的星》等就好了。您会发现，这样做基本没有用。为什么呢？下面我把我的具体做法分享给您。

我带的班级是分科时理科最差的一个班。最差的班级，确实被不少人看不起。在老师和同学们中间，一提到我们班，很多人总是不屑一顾的样子。学生感觉很压抑，尽管有了前一个阶段"以形象影响形象"的内部提升，仍很难一下子摆脱低沉的情绪。于是综合各种因素，我们选择了信乐团的《海阔天空》作为第一首歌——

我曾怀疑我／走在沙漠中／从不结果／无论种什么梦／才张开翅膀／风却变沉默／习惯伤痛能不能算收获／庆幸的是我一直没回头／终于发现真的是有绿洲／每把汗流了／生命变得厚重／走出沮丧才看见新宇宙

海阔天空／在勇敢以后／要拿执着／将命运的锁打破／冷漠的人／谢谢你们曾经看轻我／让我不低头／更精彩地活／凌晨的窗口／失眠整夜以后／看着黎明从云里抬起了头／日落是沉潜／日出是成熟／只要是光一定会灿烂的

海阔天空／在勇敢以后／要拿执着／将命运的锁打破／冷漠的人／谢谢你们曾经看轻我／让我不低头／更精彩地活

海阔天空／狂风暴雨以后／转过头／对旧心酸一笑而过／最懂我的人／谢谢一路默默地陪我／让我拥有好故事可以说／看未来一步步来了

如果您做过"差生"，如果您带过"差班"，听到这首歌会不会特别感动？

尤其是那句"冷漠的人／谢谢你们曾经看轻我／让我不低头／更精

彩地活"。正是因为这首歌触到了学生的痛处，他们才会绝地反击。如果您带的班是个中等班或者优秀的班，他们没有感受过别人的"冷漠"和失败的痛楚，这首歌对他们会有用吗？

所以，励志歌曲不是拿来就能用的。如果不能引起心灵的共振和灵魂的共鸣，再励志的歌曲都产生不了励志作用，只能作为一首歌而已。

教育，可以简约，但绝对没有那么简单。

不可否认，我选择这首歌作为第一首励志歌曲是有些急功近利的，因为我必须让自己班级的成绩早早地赶上来。这是客观环境给班主任提出的要求，奋斗在一线的您一定有深刻的体会。

这首歌是有问题的。这首歌最大的问题是把自己成长的立足点放在了别人的肩膀上。是那种"你看不起我，我偏要做给你看"的倔强，有那种"今天你对我爱答不理，明天我让你高攀不起"的报复意味。这种倔强和报复是一种不健康的心理。而正常的心理是，无论荣辱成败，都和我相关，把一切扛在自己的肩膀上。

所以，我们不能培养这样的学生。在急功近利之后，需要及时修补。于是我们选择了第二首歌，陈国华的《有用的人》——

谁不希望自己是聪明的人／谁不希望什么都能100分／谁会希望自己又呆又傻又愚蠢／谁会愿意听到"你真的好笨"

有些事情就是这样的残忍／有些道路没有直通那扇门／有些游戏结果不一定要获胜／有些收获不在终点只在过程

我们不会心灰意冷／我们会给自己掌声／我不是你想象的笨／我也有我自己的门／其实你不是不能／只是你肯不肯／给自己多一个机会／因为我们都是有用的人

你若不努力，没有人可以让你崛起。很多时候，我们不是败给了别人，而是败给了自己。"你不是不能，只是你肯不肯。"这首歌，可以说直抵人性的弱点，又可以帮助学生树立自信，因为我们都是"有用的人"。这样，就引导学生把成败扛在自己的肩膀上。

当时我们班级还采取了小组合作的方式。所以，通过励志歌曲影响小组行为就是必需的了。于是我们选择了第三首歌，群星演唱的《崛起》——

无论怎样你都是我的兄弟 / 再遥远都会注视着你 / 你的每一次跌倒和爬起 / 我的心疼，我的惋惜 / 无论怎样都要拥有尊严 / 什么结果都不会怪你 / 荣耀与辉煌不只是胜利 / 逆风展翅，腾空崛起

向前冲 / 昂起头 / 身为战士做英雄 / 男子汉跟我走 / 狂奔燃烧热汗流 / 向前冲 / 昂起头 / 炎黄子孙齐加油 / 丈夫崛起高昂首 / 腾身一跃向胜利冲锋

向前冲 / 昂起头 / 面对更高的追求 / 有你为我大声吼 / 我会奋勇到最后 / 向前冲 / 昂起头 / 炎黄子孙齐加油 / 丈夫崛起高昂首 / 腾身一跃向胜利冲锋

如果我们"翻译"一下这首歌，就会明白它对小组合作的意义。"无论你的基础是好是坏，都是我们小组里的人。即使你再差我们都不会把你放弃。你每次考差之后，我们都会为你心疼为你惋惜。无论怎样，我们希望你不要丢了尊严，你考多么不好拉小组多少平均分我们都不会责怪你。因为我们明白，一个人的荣耀和辉煌不是每次都可以胜利，而是具有逆风展翅的勇气……"仿佛一个小组成员对另一个成员的絮语，温暖而励志。

当然，篇幅关系，我不能把所有励志歌曲都展示出来。只是告诉朋友们，励志歌曲的选择，一定要和班级发展的需要和节奏相关，不是装在篮子里就是菜，是励志歌曲就拿来唱。

六周之后，小组抽签，选择一首歌，用创新的方式进行演绎，也就是开展一场班歌会演。

这样，励志歌曲这个项目前后用了49天时间。算上第一个阶段"以形象影响形象"的21天，共70天。根据行为心理学的研究，彻底改变人的内在心理结构需要90天时间。而且改变人的心理，如同通过拉伸改变橡皮筋的形状，越到后期，阻力越大。经过前两个阶段的激励，对学生的心理调节也就到了最困难的时候。

此时就必须"下猛药"！只有"猛药"才能冲破旧习惯的阻力。

所以，第三个阶段，我根据班级发展需要，编写了一套励志教程（共21篇）。为了让大家对班级励志教程有个大概的了解，先把我写的这篇文章呈现给大家。

责任的力量

和每个人一样，我埋怨过别人对我的不公，我咒骂过别人对我的诋毁，我愤怒过别人对我的蔑视……

可是，今天，我不再这样，因为我明白了所有的结果都是自作自受，所有的责任都必须自己来担。正如我们这个班，你抱怨过你被分到了这个班，你还抱怨过你高一时被分到了那个不好的班，你应该还抱怨过你所在的这所学校。

可是孩子，如果你初中时用尽了全力，你会考到这所学校吗？如果你高一时努力奋斗，你会分到我们这个班吗？

不会，一定不会！一切都是我们自己一手造成的，我们有什么资格埋怨别人？我们都没资格去埋怨，去愤愤不平。

懦夫会在抱怨中错过追赶的机会，会在堕落中让人进一步鄙视。我不知道，你不努力，到底想堕落给谁看？而勇士会说："一切都是我造成的，我的责任我来担！"因为他们明白，抱怨没有用，一切靠自己。

或许，你会说我真的不如别人。我不想说你是个懦夫，只是你敢用自己最大的努力来证明一次自己吗？真正的懦夫不是能力低下，而是还没有出发就认输了。曾经坚信，人是这个宇宙中最伟大的精灵，因为比人凶猛的生物多的是，但正是人类统治着这个世间。这或许就是动物的头朝前低着，而我们的头颅高昂朝上的原因吧。

因为如此，我总觉得自己活一遭是多么神圣，如果我的人生碌碌无为地过去了，我和动物有何区别？所以，我珍惜我的存在，我珍惜我的生命，于是我努力做到最好。这是我的责任，我必须勇敢地担起让我的生命精彩绽放的责任！

孩子，如果你差，那考不上高中的人是不是更差？你知道吗？即使在我们学校，最好的班级和最差的班级入学平均分相差也就十来分而已。十来分就能证明你愚笨而别人聪明吗？你信吗？你愿意承认吗？

是的，正因为你从来没有珍惜过你生命的存在，你没有认为自己是优秀的一员，你没有舍我其谁的霸气，你才有了今天。

每个人都可以是美好的风景，只是有人没有担起让她美好的责任，让自己的生命凋零枯萎了。如果你愿意，你愿意全力以赴，你愿意对得起生命的存在，那么你就勇敢地担起让自己优秀的责任吧，因为你不比任何人差。你不是不能优秀，而是你不肯优秀，你没有像勇士一样冲向优秀的气概。

尼采说："每一个不曾起舞的日子，都是对生命的辜负。"你是那个辜负自己生命的人吗？何况，我们都经历了那么多不屑、不公甚至蔑视。

陀思妥耶夫斯基说："我怕我配不上自己所受的苦难！"经历了那么多，你不怕吗？你不怕对不起自己吗？

孩子，别让自己的苦难白受，担起责任，像个勇士一样，冲刺吧。

岁月会为你作证：责任的力量——

石破天惊！

整个励志教程的 21 篇文章都是这种风格的文章——

1. 读起来朗朗上口。

2. 内容极具激励性。

3. 文辞优美，素材丰富。

学生朗读这类文章，既可以励志，又可以学习写作方法，积累写作素材。

关键是这些文章如何使用呢？

1. 每天早读前，全体起立，大声朗读。

2. 一篇文章读三天，21 篇共读 63 天。

到此，我们需要算一笔账：三个阶段的励志，总共用了多少天？21+49+63=133（天）。

请问朋友，133 天是什么概念？一个学期！

根据行为心理学的研究，90 天就可以改变人的内在心理结构，133 天的励志会产生怎样的结果呢？一位老师用一个非常俏皮的方式回答了这个问题——133 天的励志，连猪都会上树。

诚然，您是知道的，这里没有任何侮辱人的意思，只是为了说明励志有效果而已。

有些学生因为励志达成了理想，而不能达成理想的呢？所以，励志教育是把双刃剑，效果有多好，风险就有多大。

那么，怎样才能规避励志的风险呢？下一章我们专门论述。

第四节　带班，其实是上一堂大课

在一次班主任沙龙中，一位高一班主任设计的9月份四个班会课主题被呈现出来（见下表）。

周次	主题	设定原因
第一周	遵纪守规	开学第一周，需要进行基本规范教育
第二周	尊师重道	9月10日教师节，要引导学生尊师重道
第三周	学会学习	班级逐步进入正轨，要引导学生学会学习
第四周	祖国情怀	国庆节来临之际，让学生懂得热爱祖国

接着，我问在场的几位朋友：您怎么看这个设计？

答案主要有以下几个——

1. 班主任很用心，根据不同周次设计不同的教育重点，而且原因让人信服。

2. 这就是系统化带班，把每个月的教育内容进行系统化设计，做到有的放矢，周周有主题。

3. 非常科学。入学第一周就是要对学生进行规范教育，所以遵纪守规是首选；第二周恰逢教师节，引导学生尊敬老师非常有必要；高一学生新入学，初、高中学习内容切换，势必要有学习方法的转变，所以学法指导是必需的；进入10月就是国庆节，引导学生爱国是不二选择。

…………

观点很多，我仅列举三种典型观点进行分析。

1. 这个班主任很用心。赞同。能把一个月甚至一个学期的班会课主题设计出来，而且能够应和当周的班级需要和时事，是花了不少工夫的。我喜欢麦肯锡思维：要正确地做事，更要做正确的事，而前提是要发现"正确的问题",这是做正确的事的第一步。成功的前提是做正确的事,这是个抉择的问题。抉择正确,将树立正确的方向和目标;选择错误,就会背道而驰。

疑问:用心就等于正确吗?

2. 这就是系统化带班。不赞同。我们先看一下什么是系统。一般系统论创始人贝塔朗菲(Ludwig Von Bertalanffy)这样定义:"系统是相互联系、相互作用的诸元素的综合体。"这个定义强调元素间的相互作用以及系统对元素的整合作用。这个定义指出了系统的三个特性:一是多元性,系统是多样性的统一,差异性的统一;二是相关性,系统不存在孤立元素组分,所有元素或组分间相互依存、相互作用、相互制约;三是整体性,系统是所有元素构成的复合统一整体。让我们根据系统的三个特征来分析9月份四个班会课主题。首先,主题具备多样性与差异性,但遗憾的是没有"统一"。其次,四者之间并无相互依存、相互作用或相互制约的关系。例如"学会学习"与"祖国情怀"距离遥远。最后,系统要求所有元素构成一个统一体,这四个主题并不能构成统一体。这就证明,它们根本就不是系统。

疑问:班会主题非要成系统吗?

3. 非常科学。不赞同。我无法用合适的语言去辩驳说它不科学,但我们可以做一个推理。如果说"学会学习"这个主题是因为初三到高一的转变而需要的话,其他三个主题似乎每年、每个年级都可以。因为每学年都有个"开学初",每年的9月10日都是"教师节",每年的10月1日都是"国庆节"。即使是"学会学习",每个年级都不同,似乎每年都应该召开一次这个主题班会。从某个主题来说,似乎科学。但是换个角度思考,如果某次班会课有效了,还用得着每年都开吗?或者说既然每年都要在9月份开这四个主题班会,又何必罗列出来呢?罗列出来似乎暗示着它们是一个整体的某个部分。但继续推理下去,是不是每年的那个"整体"都一样呢?如果不一样,为什么9月份都一样呢?如果一样，那每年的带班还有啥区别呢？所以，它不科学。

疑问：怎样才科学？

2007年，余映潮老师听我的语文课。课堂上突然飞进来一只麻雀，扑棱着翅膀，我不得不停下来赶鸟。评课时，余老师严厉地批评说："知道你这节课要干什么吗？那就是围绕你的教学目标去教学，其他所有的事情都不是此刻应该关注的，一个好的教师，绝对不会因为课堂上飞进一只鸟而影响课堂本身。即使这只鸟已经吸引了学生的注意力，优秀教师也会把飞鸟变成教育资源而完成自己的教学目标。"

余老师的这段话至少包含了三层意思。

1.一堂课必须有个明确的教学目标。不少老师上课，喜欢罗列很多个教学目标。一线教师都懂，一堂课不可能达成那么多目标。如果说达成了，恐怕是目标浮浅，写与不写都可以达成。核心目标达成了，就完成了核心的教学任务。

结论：有一个明确的教学目标，这是教育的科学。

2.一堂课的所有教育行为都必须围绕教学目标来设计。目标是教学的导向，而教学行为的实施与教学活动的设计都是为了实现目标。如果一个个课堂行为是珍珠，指向目标的那条线索就是串成珍珠项链的线。

结论：教学行为必须是围绕教学目标的行为系统，这是有效课堂的基本要求。

3.课堂中的意外事件可以转化成为目标服务的环节。意外的发生不可避免，但优秀教师懂得把意外转化成教学资源。这就是常说的教学机智。

结论：意外事件可以转化为指向教学目标的教学行为系统的一部分。

我们思考一下：带班，是不是需要有个明确的德育目标？带班，是不是需要一个行为系统支撑才有效？带班，是不是会出现一些临时性事件打乱预设的节奏？

答案是肯定的。所以，带班，其实是上一堂大课。

现在，我们再来看前面表格里呈现的四个班会课主题——

您能发现这位班主任的德育目标吗？不能。没有明确的德育目标，只有一个个零散的"事件"，是带不好班的。表格中四次班会课，无非是班主任做的四件事而已。时下，很多班主任工作出现困境的主要原因之一就是带班无目标，被动跟班走。

您能发现这位班主任的带班行为系统吗？不能。因为四个主题根本就没有围绕一个目标来实施，所以构不成系统。

下一个"您能发现"不必追问，因为本来就没有目标，没有系统设计，就不存在"打乱预设的节奏"这个问题。没有节奏，何来打乱？

所以，上述这位班主任的这节"大课"是不合格的；用心不等于正确，班会主题需成系统。

每位班主任有自己的阶段目标与带班节奏，学校也有一些统筹安排或临时性事件，这就难免会打乱班主任的预定节奏。这个时候，就需要班主任运用智慧，把临时性事件转化为落实目标的手段。例如，表格中班会的主题就可以转化为"守纪为美""尊师为美""读书为美""爱国为美"，虽然过程变化不大，但指向的目标却是统一的。

但愿您能以设计课堂的思维设计带班之路，上好带班这堂大课。

第五章

用小本做沟通的大事

倘能足不出户便可知全班动向,无痕之中就能运筹帷幄,班主任不就可以轻松许多了吗?

弦张得太紧易断，励志教育也一样。当学生动力不足时，遇到学习挫折时他会比较容易释然；而学生的进取心被调动起来之后，再遭遇学习挫折，很多学生可能会承受不了。

为规避励志的风险，我利用小本走进学生的内心。

第一节　师生交流，最好用小本

什么是小本？

已经在国外读书的学生雯有一天在QQ上对我说："老师，我想你！"

对她这个机灵鬼怪的小丫头，我总是很"不老师"："丫头，想我肯定是假的。"

"哈哈，聪明，我想的是小本，怀念每一个写小本的日子。现在不写它了，总感觉生活中少了些什么，总感觉自己的精神没有着落。"

雯提到的小本，就是我和班级学生进行交流的专门的小本子。

取名"小本"是"煞费心机"的，因为一不小心它就会让学生误以为是"周记"，认为是作业负担而从心里抵制；也担心学生误以为是"日记"，因为日记的隐私性质与每天交给班主任的小本的相对公开性是水火不容的。为此，我就简单地将其叫作"小本"。至少，这个名称从心理上打消了学生的顾虑，让他们可能放下戒备，开放心灵。现在，我带的班级里，有人把它叫作"随笔"，有人把它叫作"真假话"，也有干脆就叫"聊天本"的，只要他们喜欢，随便叫什么都可以。

奥尔特·白哲特（Walter Bagehot）说过，我们总是聚在一起吃饭，但每个人都有自己的房间。班主任和学生相处，不是简单的"一起吃饭"的问题，而是要走进每个学生"自己的房间"的问题。因为只有走进了学生的"房间"才可能明白他的内心，明白他的心理波动，甚至发现教育的真理。

为什么最好是用小本，而不是其他交流方式呢？

第一，走进学生内心的最好方法不是谈心。现在学生的戒备心理越来越强，想听到他们的真话可没那么容易。班主任常用的谈心往往只是进行了谈的行为，很难走进学生的心里，更别说次数极少的谈心了。夸大谈心的教育效果都可能是教育的虚假，教育从来不是简单的事情。从教育实践看，让学生打开心门最好的途径，不是谈话的"循循善诱"，而是书面交流，因为在进行书面交流的时候他们可以放下很多顾虑。

第二，现行班级授课制背景下，每个班级人数都比较多。班主任的精力毕竟是有限的，您不可能谈得过来。因此，谈心对象往往是"出了问题"的学生，有了谈心必要才谈的。但是，学生几乎都有这样或者那样的问题，班主任需要全面了解，才能更好地帮助他们。为了让每个学生都获得尽可能的发展，与每个人都谈心，您能够做到吗？因为小本每天每个学生都写，您就可以每天同每个学生谈心。

第三，现在的学生，尤其是我所带的高中生，已经学会了"应付"老师。例如，有一名女生，明明是头天撒谎请假出去会男朋友，回来还假装疲惫地说："老师，我最近学习时总感觉紧张，你给我做做思想工作吧。"在我苦口婆心地给她做了半天思想工作后，人家回到宿舍里竟然说："我们班主任好像很聪明，我发现他还真不聪明，甚至有一点儿傻。"您气不？气也没用。很多时候，走进学生内心是假象，真相您很难知道。但是现在的学生多少都有点儿"八卦"，他自己的事情不愿意说出口，但是别人的事情偏偏爱说。那位女生骗我的事情，就是从另一个同学的小本里了解到的。

第四，班主任要做的不是班级"事故"的消防员，我们追求的不是发生了事情后来处理，而是让事情根本不发生。要实现这个教育理想，班主任就必须"足不出户"也能对班级事务"了如指掌"并"运筹帷幄"。要实现"了如指掌"和"运筹帷幄",就要在无形之中了解每个学生的心理及动向。小本的作用很大。

例如,2009年11月12日,小贞写道:

> 我就讨厌阿君,连个初二的小女生都不放过,人家不就是排队的时候插个队吗?至于和人家对骂吗?还说明天早上上操时间和阿玉她们一起去收拾初二的那几个小女生,真为她们感到丢人。

就是这样一个"看不惯",让我明白了第二天早上可能发生的事情,并及时进行了处理。也正是通过小本,我发现了阿丹出走南京的原因,发现了小丽和阿杰的感情纠葛,发现了班级几个"差生"想学好的信念,发现了班级前进过程中众多的不足,也成功地疏导了丹丹的自卑心理,顺利地将阿明与高一女孩的恋爱"扼杀"在摇篮中……

第五,教育应该力求让每个学生的灵魂都得到自由伸展和健康生长。为此,与学生日日时时交流,给他们一个独立释放的空间,找到一种情感的归宿,是学生灵魂得到伸展的必要条件;班主任借助长期、持续交流才能真正地让学生心理的表层调节变成最大限度的现实调节,从而使其获得健康生长。

当然,这样做还可以锻炼学生的文笔。

第二节 小小本子的五大功用

"不出户,知天下……是以圣人不行而知,不见而名,不为而成。"小本除了可以让班主任足不出户,就可以"运筹帷幄"之外,还有几个很重要的作用。

一、可以发现教育的真谛

那天，星期二。

昊站在我的办公桌旁。

"老师，你不用说什么的，我知道自己该怎么做。"

"那好吧，我什么都不说，你回去吧。"

昊是第一次犯错，处理过程就这么简单。

办公室里的同事们却很惊讶。魏老师说："奇怪了，他主动来办公室找你了。"赵老师说："别说主动，就是班主任请、年级主任请，也往往请不来，你面子太大了！"

"嗯？真的是这样吗？我没有发现他有什么特殊之处啊！"

于是，魏老师就给我讲起昊的"辉煌"历史。

他是前任班主任的死对头，无论班主任让他做什么，他都不会做。凡是班主任让做的事情，他偏偏不做；凡是班主任不让做的事情，他偏偏就做。于是，他的班主任就非常恼火，请来了学部主任，结果不但没有让他屈服认错，反而弄得两人关系愈加紧张。更过分的是，他竟然能带领其他班级的"人物们"给自己班级捣乱，当然也给其他班级捣乱。不知道从什么时候开始，他竟然成了学校"风云人物"的领袖。无论发生多大的事情，班主任、学校领导是不可能把他叫到办公室的，更别说让他主动来办公室了。您说这不是怪事儿吗？

听了魏老师的话，我也感觉蛮奇怪的。但在我接手班级的近半年里，他并没有表现出魏老师等人所讲述的行为。他成绩不好，但似乎很温顺，甚至偶尔还会积极参与班级事务。

这个难解的谜吊起了我的胃口。

于是，在一天的交流小本中，我给他写下了这样一段话："昊，原谅老师的好奇，我真的很好奇。但请你相信，就是因为老师对你没有任何成见才敢写的。上次你犯错了，主动到了办公室，老师们都觉得很奇怪。你为什么给我这么大面子啊？"

那天，他给我的回复就简单的一句话："老师，你没有给我犯错的机会，我也就没有了犯错的理由。"

下一次的小本交流中，我就勇敢地问了他一个问题："昊，有人说你是坏小子的头儿啊，我怎么没感觉到？老师只是好奇你怎么会有如此大的变化？"

或许是这个问题打开了昊的倾诉欲望，他这次回复的文字很多。

其实，我一直不认为自己是个坏孩子。不知道从哪天哪件事开始，班主任盯上了我，总是认为我这也不对，那也不对；这也不行，那也不行。一次、两次还可以，次数多了，我就烦了，于是，我就故意跟他对着干。一开始他给我做思想工作我还听一点儿；后来他总是无故将问题扩大化，我干脆就不听了。

有一次，他竟然把德育主任都叫来了，我就更火了。于是，我就联合学校里的很多"坏孩子"跟班主任对着干，跟学校对着干。或许就是这个原因吧，我就成了学校里的"黑老大"。

你带了我们班之后，每天都是微笑着，总是想方设法让我们快乐，给我们锻炼的机会。有时候感觉你自己就是个孩子，能和我们玩到一起。你不盯着我这，也不盯着我那，我又何必跟你对着干呢？上次我犯错了，知道自己错了，当然就主动去找你了。

昊的留言，让我久久不能平静。于是，想起了《瓦拉纳西小站的警示牌》这个故事。

地处印度东部的瓦拉纳西火车站，一直是个没有什么名气的乡村小站。1968年9月24日，这个小站却"一夜成名"，令整个印度为之震惊。

这天傍晚时分，一列火车即将进站。但就在这一刻，司机发现，指挥行车的信号机架上爬满了蜜蜂。为了看清显示的信号，司机便探身窗外，仔细观望。不料，他刚睁大眼睛，一只蜜蜂倏地飞来，盘旋几圈后落在了他的脸上。

可恶！司机一边咒骂一边挥起了巴掌。

然而，不等死去的蜜蜂落地，司机已目瞪口呆：只见成千上万的蜜蜂黑压压地扑来，争先恐后地飞进机车，疯狂地刺他的脸、脖子和手臂……顷刻间，他裸露在外的皮肤上，密密麻麻地爬满了复仇的蜜蜂。

司机疼痛难忍，视线也一片模糊。好在失去意识前，他拼尽全力拉下了刹车杆。但强大的惯性仍然驱动列车闯入车站，撞上了停在同一条轨道上的另一列火车。灾难就此发生，5节车厢倾覆，300多人非死即伤。

惨剧发生后，印度铁路部门马上组织专家赶赴现场进行调查。结果很快出来了，是那只被司机拍死的蜜蜂惹的祸。这种蜜蜂死亡时会发出一种具有特殊气味的激素信息，附近的蜜蜂收到信息，便会在最短的时间内，以最快的速度编成"战队"，发动猛烈攻击。

为此，铁路部门开始向社会征集有效的补救措施。有人提出，将小站周边的树全部砍掉，清理出隔离带；也有人建议，调集大批消防人员，喷洒农药，剿灭蜜蜂……但最终也没有找到切实可行的方案。

事情发生的第四年，一个小男孩的举动引起了人们的注意。每年春天，小男孩都会背上满满一书包花籽，撒种在距离瓦拉纳西小站铁路线百米的远处。到了夏天，花开缤纷，清香扑鼻，成群结队的蜂蝶都被吸引过去了，连蜂巢也搬到了那里。更出人意料的是，在当年那个司机探出头观望信号机架的地方，小男孩还竖起了一块警示牌："嗨，不要打它。"

过往的列车司机都清楚，它，指的是蜜蜂。

小男孩说，蜜蜂只有在感觉受到威胁时才会攻击"敌人"。我们给它花蜜，爱护它，做它的朋友，它就不会攻击我们。

正如古希腊神话中赫格利斯遇到的仇恨袋，你给它一分仇恨，它就会回报你两分仇恨。只有忽视它、不侵犯它、远离它，它才会消失。

其实，放下了恨，班主任也就解放了自己。用单纯的眼光看待每一个学生，班主任就会发现无限的美好。这就是昊教给我的教育真理。

二、可以解开学生的心结

一次考试后，欣写道：

> 梅老师，今天我好难过、好难过啊！
>
> 今天，我们进行了数学考试，我的修正液出问题了，弄得我满手都是，过了好长时间才弄好。这个事情浪费了很多时间，导致我没有做完。听到报我的成绩时，我的心简直碎了。我不想让父母伤心，又不能欺骗他们。刚开学就考出这样的成绩怎么向爸妈交代啊？
>
> 梅老师，我该怎么办？

我回复：

> 告诉你一个真实的事情。今天早晨，我女儿对我说："爸爸，我数学考了40分，班上平均分是97分。"知道吗？我当时心里很难受，但是我没有发火，而是耐心地告诉孩子："宝宝，你都订正完了吗？"她告诉我订正完了，但是她很伤心，说自己没有考到及格分。你知道吗？我当时特别欣慰，因为我的孩子

没有丧失上进心，这对一个人来说是宝贵的财富。于是，我对她说："宝宝，就是考零分，爸爸也不会怪你的。爸爸只在乎我的女儿现在会不会，只在乎宝宝上课时有没有好好听课，有没有按时完成作业。只要你能按时完成作业、好好听课，爸爸就会高兴。分数在爸爸看来不重要。如果你没有认真学习，爸爸就会难过。"女儿说："爸爸，我懂了。"

　　孩子，我相信你爸妈会理解你的。一直以来，我觉得你是一个非常认真的孩子，而且这次考试确实是因为意外造成的。保持一颗上进的心，就是对父母最大的回报。懂吗？孩子。

这一来一往，欣的心结就被打开了。现在这个姑娘已经从国外的一所知名高校毕业了。很多时候，学生是来向老师诉苦的，老师如果能够趁机打开他的心结，不就可以避免很多问题发生了吗？

三、可以持续学生的正能量

一天，芷以"今天，我很幸福"为标题写了这样一段话：

梅老师好：

　　我们每天都有该做的事情，可你有没有想过，把该做的事情再做好一点儿，会不会更棒？今天，我尝试了。我今天扫地，可我想，每个人的座位下也有脏东西啊。虽然老师只让我扫一下四周，但我还是把每个人的椅子都拖了出来，再认真地扫。有些累，也出了很多汗。但我愿意为班级服务。我花了40分钟打扫了整个教室，我很累，但十分快乐。

　　多做一点儿事，不是更棒吗！

我回复：

　　幸福，有时就是一点点儿付出。如此，人又何必去自私呢？其实，自私的人，他的内心往往是痛苦的。

您说，这孩子下次会不会继续这么做呢？

一天，辰写道：

　　今天晚上，我开始看第二遍《傲慢与偏见》。另外，我把《草房子》和《格列佛游记》也看完了。我刚开始看《傲慢与偏见》的时候，觉得很无聊。我对一些很厚的书会有抵触心理。我以前觉得，大人们喜欢看的、推荐的书都是不好看的。这个想法还真是大大的错误啊。不知道为什么，我读着读着，就越发觉得好看，可能名著就是越读越有味道的吧。我觉得我懂得了名著。

我回复：

　　你的速度真快，好孩子！所谓名著，就是经得起时间考验和值得反复咀嚼的书，就是那种越读越有味道的书。通过你的文字，我知道你已经爱上了《傲慢与偏见》。这周的阅读课上，我们再一起感受它的魅力。一本名著，至少要读两遍，你才会明白"魅力"的含义。还有，你提到读很厚的书。不是说名著都是很厚的，其实读很厚的书还有一个用处就是可以培养你的耐性。知道吗？这个世界上伟大的人，往往是最能耐得住寂寞的人。

这两个孩子都是上海预备年级（相当于小学六年级）的学生，十一二岁，这种正能量的给予，对她们的人生会不会产生一定的影响呢？

四、两颗心可以贴得很近

这点是不言而喻的。据我的经验，无论您带哪个班，用不了一个月，学生就会爱上小本，您也会爱上阅读他们的小本，因为阅读一个个小本就是阅读一个个丰富的世界，感受一个个鲜活的灵魂。

一次，嘉在小本里以"遇到你是幸福"为标题与我"长谈"：

> 周五的课上，您读了您的一篇文章——《麦子快要熟了》，听完我都快流泪了。当老师读的时候，我看见老师眼里有泪光，但一闪即逝。我就知道，老师想家了。自从住宿以来，我也每天都想家。以前跟父母吵架、顶嘴、让父母伤心……现在想起来，悔恨万分。
>
> 老师不愧为优秀老师，一节课，就让我清醒了许多。老师用自己真实的情感，教会了我们珍惜和父母在一起的时光。周末，我很认真地读了您的文章，真是好。虽说没有华丽的语言，却流露了最真实的情感。我在想，如果我长大后有幸成为作家，我一定会写一本书，叫《我的梅老师》。可能有点儿夸张了，但是我想用最淳朴的语言描写您是怎么让我一点儿一点儿改变的。
>
> 本来想往国外飞的我，已经开始后悔了。我害怕亲人分离，我怕那种痛。也许以后，也只能在周末与您这样聊了，平时学习紧张，都来不及写这么多话。希望您不要生气，因为我在向自己的目标挺进。在中学里，各种社团活动很多，作业也很多，但我总会抽出两三分钟打电话给家里。只要不打，总有一种空

落落的感觉。

　　想起小时候，有一次，一个小朋友用石头打破了我的头，妈妈和爸爸彻夜不离地守候在我的床前。那时，我才4岁，他们一直握着我的手，直到我醒来。那时，妈妈怀孕了，我还不知道。妈妈在那8月的酷暑里，先陪我去取艺术照，把又大又重的照片背在她身上，而我一手拿着小本相册欣赏，一手拿着棒冰津津有味地吃。下午妈妈又陪我参加钢琴考级。我进去了，妈妈还在外面站着。两个小时后，我出来了，可是那个孩子却因为我而没了。爸爸有严重的脊椎炎，也是因为我。爸爸每天彻夜不眠，于是落下了病根。

　　一节课，短短的40分钟，就令我明白了那么多道理。

　　我已经好久没有这样长谈过了。可能是找不到合适的人倾诉吧。梅老师，您是第一个肯与我长谈的老师啊！

　　这一生，遇到您，是幸福！

　　真的！

我回复：

　　孩子，看到你的文字，我流泪了，你真是个懂事的孩子。无论过去发生了什么，相信你的爸妈都会为有你这样的孩子而自豪。老师是大学毕业后才懂事的，相比于你，惭愧。昨天和你又经过了一场长谈，我感觉到你是一个非常懂事的孩子。有你这样的学生，我感到幸福，真的。既然懂得了，就要行动起来，无论未来怎样，我知道，我一定可以做你信任的朋友，我会尽力陪伴你走好这段路程。

后来，嘉成了我很好的"小朋友"，我们一起聊天，一起游戏；当然,也一起谈论某篇文章、某首小诗。小本,就这么神奇。

五、可以帮助集中解决班级事务

通过梳理近日的交流小本,我发现了瑶对小杰的讨厌、珍对君的不喜欢、明和飞的矛盾以及赐和大杰的不快。尽管团结友爱的话题讲过千万遍,但学生依然比较自我。怎么办呢?于是,我有了一个主意——开个特殊的班会吧,题目就叫作"纵使对面亦不识"。

纵使对面亦不识
——一次特殊的班会课

"同学们好,今天的班会主题很特别,名字叫'纵使对面亦不识'。"

[班会一开始,我就开始了讲话。]

"记得一个和我交往了11年的朋友,一直称兄道弟,我视他为最知心、最可靠的朋友。那年,我做生意被骗了20万,万般无奈之下,我向他开口借钱,结果他来了一句:'我手头最近很紧,你找别人借吧。'知道吗?那时,我心里特别难受,因为我知道他的家境是如何富裕,他也知道此时我的狼狈。什么东西让你铭记?那就是在最危难的时候伸过来的那双手。什么东西让你最心痛?就是在你最危难的时候最信任的朋友背过去的身影。"

[我说得动情,毕竟这是真实的事情。学生听得认真,毕竟我讲述的时候也很动感情。]

"11年,我没有看懂我的朋友。那么,我们的同学,相处三年,真的能懂对方吗?古人说'日久见人心',就是告诉我们,了解一个人太难了。但是,我不想让大家离开的时候还带着一双双疑问的眼睛审视周围的每一个人。我想让大家通过今天的班会课相互了解。"

〔在我深情的诉说中,学生感受到了真诚。自然,他们猜不透我的葫芦里卖的是什么药,只知道是要让大家相互了解。教育就是这样,如果让学生完全明白了你的底牌,也就会削弱教育效果。正如这个以让大家和好为目的的班会课,如果让学生明白了你的目的,效果恐怕就会两样。〕

"为了更好地开咱们的班会,现在邀请6对同学面对面坐下,我坐在中间,其余同学坐在四周观看;下次班会课时,再更换6对同学。"自然6对同学中瑶和小杰对坐、珍和君对坐;明和飞以及赐和大杰这两对冤家不在此次对坐之列。选择6对,是为了将这两对矛盾消释在集体中,不让他们感觉到班会的针对性。没邀请另外两对是想看此次班会能否触及他们的灵魂。倘若能,最好不过;若不能,下次班会课时就可以请他们出场了。

左右两排分别有6个同学,我端坐在中间。

"现在,请6对同学分别拿起笔,写出你认为的对面同学的缺点。不要客气,因为只有真实地写出对方的缺点,才能真正地帮助他,也才能让大家真切地了解他。"

大约5分钟后,他们都交出了自己的"答卷"。我特别注意到了那两对冤家。

在瑶的笔下,小杰是一个脾气怪异的人,我行我素,目中无老师;孤僻散漫,不愿意学习。

在小杰的笔下,瑶是这样的人:自以为是,总以为自己成绩好,就目中无人。

珍认为君的缺点是"没有女人味儿,疯疯癫癫的,没有修养，而且极爱欺负低年级的女生"。

君认为珍的缺点是"小心眼，很奇怪，又爱装小可爱"。

他们指出对方缺点的时候，是毫不客气的，因为有"仇恨"作怪。此时，我没有多说话，而是问："谁愿意为他们的缺点进行辩解？"

这个环节的表现是出乎我的意料的。

梦丹说小杰从高一起一直被别人看不起，也被老师看不起。其实，一开始他是个爱好很广泛，尤其是电脑水平很高的人。还记得一次家长会上，所有老师都说他成绩差，所有同学都指责他。就是从那之后，小杰变得孤僻，更加不爱学习，甚至自暴自弃了。

听了梦丹的话，小杰的眼睛里溢满了泪水，但他没有哭。我分明看到了旁边很多同学愣神的样子，包括瑶。

萍说瑶是一个很好的同学，她就嫉妒一个人，就是梦丹，因为梦丹总是考第一名，瑶总是考第二名。瑶怕别人影响她学习，影响她追赶梦丹的步伐，所以她好像目中无人。可是在宿舍里她是一个大家都非常喜欢的人。

瑜说君其实也很可怜，别看她在学校里疯疯癫癫，好像很霸道，其实在家里她很痛苦。她的爸爸不想让她学她喜欢的美术，她的妈妈总是宠爱她的弟弟，而且这么大了，她还会挨打。她没有办法，她是在学校里用玩世不恭来掩盖内心的痛苦。

瑶说珍是一个内向的孩子，她总是在班上受男生欺负。她很想和别人一起玩，可是别人总是莫名地排斥她。

…………

还有很多同学发言。

本来有些嬉笑的教室里，此刻竟然有些沉静了。很多学生的眼睛里竟也含着泪水。

接下来，我让他们两对交换了位置。

于是，进入了班会的第二个环节——"其实，我是这样的一个人"。让他们把此刻内心真实的想法告诉对面那个同学。

小杰说："我不想被人看不起，我也想努力做个优秀的人，做个让大家看得起的人，我也想和大家一起开心地拥抱、尽情地玩耍、用心地学习，请大家接纳我。"

瑶说："我愿意放下自私的想法，和大家一起分享学习的快乐。"

君说："每个人的背后都可能有不幸，但愿大家在一起的时候，能珍惜彼此，能够一起幸福。"

珍说："拉我一把，别让我孤单。"

当然，其他几个人也都有不同的表达。或许孩子长大了，秘密也就多了。但当真实的自我呈现在同学面前的时候，一切都显得那么动人。整个教室里的空气似乎凝固了。我知道，他们在沉思，在反省，他们被深深地触动了。

此时，我知道，火候差不多了，就自然进入了下一个环节——"给你一句我的心里话"。

"当我们明白彼此的内心后，我相信，你一定有很多话要告诉你对面的那个人，因为现在不是'纵使对面亦不识'了，你已经懂得了这个人。那么，请跟对方说一句你的心里话吧。"

瑶说："小杰，我愿意帮助你学习，相信我。"

小杰说："瑶，对不起，我对你有偏见。现在我理解你了，让我们做朋友吧。"

君说："珍，从现在开始，我会珍惜你。"

珍说："君，没事到我家来，我妈特喜欢同学到我家玩儿。"

"来个拥抱吧，结束我们今天的班会！"说完，他们12个人，两两走到前台，紧紧地拥抱在一起。我也知道，此刻，不需要再让其他同学谈感受了。止于当止，教育效能才能最大化。

"下次班会，让我们继续感动……"

说着，我走出了教室。我知道，教室里将是一池的波澜。那些矛盾重重的孩子，会因此贴近心灵。

利用小小的本子，可以做大大的事情。班主任只要每天和学生进行心与心的交流和碰撞，就可以及时掌握他们的心理问题、班级可能发生的事件、每个人的思想动态等，这样您就做了学生的贴心人。当心灵真的贴近心灵的时候，教育就有可能产生奇迹。

第三节 "四要诀"创造小本奇迹

因为有过多次和朋友们交流小本奇迹的机会，也就有不少朋友想借鉴。那么，运用小本的要诀是什么呢？

并不是所有学生一开始就如小雯那样能爱上小本，这需要一个过程。在这个过程中，老师的引导非常重要。只有老师正确引导，让学生感受到小本对个人的重要性，他们才会真正地把这个平台当作自己心灵的栖息地，才会把心里的话不由自主地说出来。

在第一次要求学生写小本的时候，我说了下面这些话：

> 我是一个特别喜欢和学生谈话的人，但我又是一个特别不会说话的人。我喜欢写，喜欢用笔和大家进行交流，我希望大家能用一个专门的小本子和我交流，无论写什么都可以。你可以"指点江山，激扬文字"，可以发表对学校的看法，不满或者赞扬；也可以发表对老师的看法和对班级事务的看法；还可以发

表对我的看法；你也可以纯粹把小本当作发泄的工具。在这个小本子上，你可以随意地表达自己，你可以随意地评论任何事物。我也保证不会把你写的内容告诉任何人。当然，你也不能把我给你写的回复告诉任何人，这是我们心灵的契约。有话则长，无话则短，希望大家可以真正地无所顾忌地交流。

要求很简单，只要你提笔就行。可是很多老师在运用的时候，直接将小本的名称改成了"心语本"，意思就是说心里话的本子。您说，学生能那么直接跟您说心里话吗？我在后续运用小本的时候，把它命名为"聊天本"。更直接，学生也更喜欢。

一、小本运用的第一个要诀是"引"

当然，这里的"引"不是自以为是的引领；引是开篇，是慎始，是目送，是诱导。

在第一次收上来的小本中，我就发现了问题。尽管大多数学生都写了一些文字，但是一个叫小黄的男同学还是给了我一个下马威："我无话可说！"

我知道，他可能在排斥或者有所顾忌，更可能因为我是中途接班，他对前任班主任感情深厚。但是他还是交了，而且留下了前述几个字。对我来说这就有了进行引导的契机。于是，我在他的小本上写了这样的评语——

哈哈，你无话可说，还是给了我面子，写了5个字，谢谢你。告诉你一个秘密，有人说我是个蛮帅的人，有点儿像刘德华。你感觉我和刘德华的相似点和区别是什么？

我这个评语，一方面摆脱了老师常态的严肃，变得非常随意，这样可以打消他对老师的顾虑；另一方面我哪里能跟刘德华比啊，这么说的目的就是引出他下一次的话，别再来个"我无话可说"。我深信，只要他接着说话，就会有办法让他主动说。

第二天，他写道：

  帅，我没感觉到。你和刘德华的相似点就是，你们都是男人。区别就多了：人家的眼睛大，你的眼神迷离；人家的鼻子大，比例协调，你的鼻子大，仿佛是脸上长了一座喜马拉雅山；人家的嘴巴和谐得体，你的嘴巴占了三分之一张脸。

这个回复让我看到了这个学生还是有一定的观察力和幽默细胞的，文笔也不错。于是，我又在他的话后面写下了这样的话：

  呵呵，你观察得真仔细。不过，我不觉得自己丑哟。我妈妈就告诉我说："大眼一瞪，卖干卖净；小眼一挤，置买东西；小眼睛聚光，大鼻子闻香，大嘴巴吃四方。"你在妈妈心目中是怎样的？你帮我分析一下，就我这样，为什么还有人说我帅？

我试图通过回复引导他去正确看待母亲以及审视自己的行为，锻炼他分析问题的能力，以及关注现实的心理。因为他是单亲孩子，跟妈妈一起生活，自然也就打开了交流的大门。

二、小本运用的第二个要诀是"缓"

"缓"是一种包容，是一种等待，是一种期盼。其实，小本交流的主要目的是给学生一个心灵释放的窗口，因为现在的学生心理压力都比较大,他们需要这个窗口。所谓的"教育"只是交流的副产品而已。

例如,倩倩在小本上写了《我的小长假》:

梅同志,不错啊,真聪明,一下子就发现了我多喜欢夸奖自己!

假期玩得很爽啊!只不过我没有出去旅游,我就是个懒动娃子。不喜欢旅游,特别是放假时,景区人都挤得不成样子,宅在家里多好,既轻松又省钱!

亲戚们都来了,姨妈、姨夫、表弟、舅舅、舅妈,一起下馆子去喽……

30号那天,爹地妈咪带俺去吃喜酒。这次喜酒很特别。那户人家是在小区里办的,三天一直吃喜酒。

搭了几个特别大的棚子,里面摆着桌子、椅子,而且我发现设备很齐全嘛!

我和妈咪又发现,几个桌子一样大的铁盆子里有密密麻麻的馄饨,还是熟了的!我顿时就来了精神,啃了许多馄饨,馅儿好吃啊。妈咪说:"你喜欢就带一些凉的回去。""好啊,好啊!"我吃着汤圆含糊不清地应道。我亲爱的老妈就神速地将一大袋馄饨放进海鲜柜——打算走之前再拿。哈哈,不然大家都看到了不好,不好!

我坐在椅子上和姨妈聊好玩的,我诚挚地表示我表弟那小子没来吃是一大遗憾。姨妈白了一眼:"带那活宝来还不把东西弄翻了呢,让他睡觉吧。"

妈咪来了,在我身旁坐下,她打了一个电话后,突然说:"要不,我们把馄饨馅儿也打包一点儿带走?"虽然是自己最亲的亲戚,也不带这样的吧?我故意咳嗽,老姨妈说:"你看你老妈,这就是典型的持家顾家的好女人啊!"我使劲点头。"老妈,你太伟大了吧,女儿我好荣幸啊!但是,馄饨馅儿还是算了吧!……那玩意儿吃不完……"

这场酒吃得真令人难以忘怀,我再也不想去吃了……

先是各类小菜。嗯,随便吃吃,等主菜。有牛排,我吃着,还不是特别饱。龙虾,那么大!我吃掉两个之后,打了个嗝。哎呀,螃蟹也威武驾到,我勉强吞下去,饱了!什么八宝饭啊,酒酿圆子啊……我看着都发晕。这主人也真是热情——过度。

就当我们以为这场盛宴就要结束的时候,有人端来了一盆鸡,整只的,还有超大号的猪蹄、整只的酱鸭……我当时就有一种看到大海的感觉,波涛汹涌啊!我妈她们也被吓到了,只见端菜的姑娘端着一碗鲜虾菜泡饭来了……

后来,我家的洗手间堵了……

这是一个和学习、心理都没有关系的交流。但是我们可以明显感觉到学生的幽默、风趣,感受到那种热闹、杂乱的场面和氛围,也能感受到学生和老师分享时的快乐、幸福。这种分享不是很好吗?又何必非要处处"教导"学生呢?何况他们就讨厌那些动不动就教导的"老学究"。

一次,浩写道:

今天军训前,我们等教官的时候,我活捉了一只西瓜虫。不过,西瓜虫碰到危险的时候,通常就缩成一个球的,可它没有!我花了一秒钟时间在脑子里写出了一个理由:"退化了!"

不过,当我把它翻过来时,我惊呆了:它的腹部下面全是西瓜虫幼虫!我赶紧把它放了回去。我弄掉了几只小宝宝,不知道西瓜虫妈妈会不会生我的气呢。

能侃吧？学生敢在老师面前侃，而且侃得有些放肆，就在于他们把您当作了可以交流的人，和您交流的时候他们没有顾忌。正是因为没有顾忌，他们才可能把心思慢慢交给您啊！

三、小本运用的第三个要诀是"放"

"放"就是老师放下老师的架子，这是平等，是灵动，更是智慧。在和学生交流的时候，您只是一个普普通通的和他们谈话的人。如果您不放下架子，就会和他们之间有隔阂。有了隔阂还能交流顺畅吗？当老师放下老师的架子时，学生也就放下了警惕心理。

倩倩在小本里对老师的称呼是"梅同志"。这个时候，她把老师当作老师了吗？没有。没把老师当作老师，她才会"放肆"。这种"放肆"何尝不是一种心灵的"释放"呢？现在的学生，缺的就是这种释放空间啊，所以，我们常常感叹：现在的学生真累！而这种释放的累积，就是信赖、依赖，甚至精神的依靠。当一个学生把您当作心灵依靠的时候，多美好的教育都可能发生。

四、小本运用的第四个要诀是"回"

"回"是点睛，是内敛，是祝福。要回复每一个学生，而且不能用"阅""好""不错"等来应付。因为心是用心来换的，每一个学生在写出来后，都有一种强烈的期待，他们期待看到老师的回复。只有您回复得精彩，他们才能回馈以精彩。

例如，对上文提到的倩倩在小本上写下的话语，我是这样回复的：

丫头，你咋总能让我发现你的优点呢？特能侃，而且我发现啊，只要不写作文，你们写出的文字就总是那么好玩儿，幽默风趣,还有现场感,我喜欢。知道不,我一直以为你是个文静的丫头呢,是默默无闻,就知道读书的小呆子;没想到,我这么聪明的人也能看走眼。另外,咋感觉"咱妈"蛮那个的,你懂的。反正呢,你们一家子亲,我管不着……总之,喜欢听你讲故事,好玩儿的故事。

这样的回复,倩倩看了很开心,在下次的小本交流中,她介绍自己是怎样一个外表文静、内心狂野的疯丫头。

小本运用"四要诀"掌握好了,您肯定能大有收获。每天阅读学生丰富的内心世界,看他们分享生活中的点滴幸福,您会对小本爱不释手。学生因为有了一个可以释放的窗口,一个可以让自己"放肆"的舞台,还可以感受到老师回复语言中的心灵波动,他们会对小本无法丢下。

如此,还有什么问题不好解决呢?

第四节 用聊天本做"秘密"评语卡

你是一个聪明伶俐的孩子,忽闪忽闪的大眼睛,让我感觉到你是多么灵动。读课文时你表情丰富,讲故事时你绘声绘色。参加集体劳动时你总是一马当先,赢得了不少人的喜欢。只是,我多么希望你能在自己的座位上安静下来啊,那样你将会更好。

这是一则在很多人看来再正常不过的评语,只是,当我读到这则评语的时候,总是想起领导找我谈话的情景。前面 80% 左右的话语是对工作的肯定,"但是"之后的自然就是各种毛病和不足了。当我离开校长办公室踽踽独行的时候，一直盘旋在脑海里的恰恰就是"但是"之后的话语，其余已不太记得。我把自己的感受告诉朋友后，她说："作为一个负责任的教师，我总得指出孩子的不足吧，即使现在孩子不明白，数年之后，当他再看到老师的评语时，他一定会明白老师的苦心的。"

数年之后，哪个学生还会回头翻看老师当年的评语？即使他会翻，那个时候再明白还有什么价值吗？须知，评语具有一定的即时性。当下，你评语里让这个学生看到的不是前面几句好话，而是"你上课不老实"的事实，家长看后更会觉得这孩子怎么上课表现这么差，连坐都坐不好！

我不知道学生会不会因为老师的"苦心"而受挫，家长会不会因为这句评语而责骂孩子。此刻，我们不得不思考：评语写作的目的是什么？

我向很多朋友寻求答案，他们的答案主要有三种——

第一种，给学生一个学期的表现下一个结论性评定。

第二种，指出学生的优点、缺点，让他们明白自己的优点和不足，明白将来的路该如何走。

第三种，沟通师生感情、家校感情。

先来看第一种答案。评定，关键就在于一个"定"字。成了事实之后再强化甚至标签化，其意义是什么呢？很多学生或家长想从评语中得出"我"或者"我的孩子"在老师心目中是个怎样的孩子。其实，无论你的孩子怎样，都是已然，这代表不了未来，也指向不了未来。放在学期末的评优能为班级或者学生的发展带来什么呢？接下来就是寒假或暑假。如此长的时间间隔会消解评价本身的作用。很多时候，我们做的就是这种无用功，很多人仍然在这么做着。

再来看第二种答案。一个学期结束后，您突然告诉学生说，这是你的优点，这是你的不足，下学期要发扬你的优点，克服你的不足。那么，我想请问：平时您这个老师干什么去了呢？您为什么不在平时用学生的优点激励他不断前进？为什么不在平时就帮助他改正不足？正如前面提到的我的朋友，既然发现了这个学生有坐不住的毛病，一个学期都下来了，您为什么不去纠正他？为什么不在平时就帮助他改掉这个毛病？这些都应该是在平时就做好的工作，而不应该放在评语里去展示。

对第三种答案，就不需要追问了，因为这就是我们每个教师平时应该做的工作。很难想象，平时不和家长沟通的班主任是如何做好班级工作的。

显然，很多人都没有明白评语写作的真正目的是什么。教师们很少去思考到底为什么写评语，往往认为这就是学期末必须完成的一项工作而已。

我们来看一则评语：

> 你在军训感言中写道："军训，训的不只是军姿，练得不只是步伐，而是在烈日下抬头，风雨中奔跑，困难前微笑，遇挫折不放弃的精神。"你写得真好。我也想送给你一句话："拥有梦想的人不做选择题，他们只做证明题。用剩余的一年半时间来证明我的眼光吧，你永远是我喜欢的璐！"

这是一则利用学生自己的话激励学生的评语，行文亲切、温和而有力度，属于比较优秀的评语之一。让我感到敬佩的是，这位老师明白评语写作是为学生的发展服务的。在这则评语里，老师在为学生的发展注入自信和动力。我相信，学生在看到这则评语后，一定会振奋的。

是的，和其他教育行为一样，评语写作一定要为学生的发展服务。如果一则评语仅仅是评定，仅仅是感情的沟通，甚或是用所谓的"负责任"来给学生贴上不好的标签的话，它就没有多大的价值。教育不就是成全人、发展人和造就人吗？如果教育行为不能为教育目的服务，这样的教育行为还有价值吗？

如果再来理性地思考，上述老师的评语真能为学生的发展带来动力吗？还是仅仅让学生看到这个评语后自信了一下，仅仅一阵子而已，因为学生看到评语的时候刚放假，而接下来的一到两个月假期，势必会消解这份由评语带来的自信。

综上分析可以得知，如果要发挥评语促进成长的功能，就必须沟通日常表现和学期的最终结果。

在实践中，我采取过"秘密"评语卡，感觉特别有效。每天和学生在聊天本里谈天说地，谈着谈着自然就有了更深层的交流。我就做了有心人，把学生日常交流中的典型话语记录下来，填在一个"秘密"表格里。为了更好地说明问题，我以小海同学的评语设计为例：

		"秘密"评语卡
	9月5日	换种活法，从现在开始。
	9月24日	"每一个不曾起舞的日子，都是对生命的辜负"（尼采），将其作为我的座右铭。
	10月16日	看起来，别人也没什么了不起，只是我们看低了自己。
	11月4日	对不起，老师，我没有考到理想的分数。
期中"秘密小语"	11月8日 老师寄语	没什么大不了的，我曾经和你走过一样的心路历程，但是我最终考得不错。
我的未来畅想	11月10日 学生填写	我终于明白了"秘密"的含义，所谓"秘密"就是回望轨迹，在回望当中人才会发现自己在哪里跌倒了。我知道我在不断变得自信的过程中，变得自大了。自己才是自己的敌人，保持自信的态度，做细心的行动者。
	11月21日	看了北京大学的双胞胎姐妹的成功秘籍，我自己制订了严格的学习和锻炼计划，老师你要监督哟！
	12月4日 老师记录	自习课上我发现他切换学科是那么的自然，这是一个严格执行计划的孩子。

续表

		"秘密"评语卡
学期"秘密发现"	12月27日	我读了奥格·曼狄诺（Og Mandino）的《世界上最伟大的推销员》，它教会了我如何塑造习惯，规划自己。
	1月10日	就要期末考试了，忽然感觉没啥可复习的。
	1月12日 学生填写	所谓水到渠成，就是只要踏踏实实做好每一天的事情，自然就会有成果。正如梅老师说过的，走好脚下路，自然到天涯。想想这个学期，对得起自己，因为我取得了不错的期末成绩，更有沉甸甸的收获。

这个表格设计得比较仓促，但取得了不错的效果。这是一个学期的心路历程，它无关老师的印象如何，更无关老师的评定如何，只关乎学生在自己的生活轨迹中发现成长的秘密。以轨迹揭示秘密，让秘密的阶段发现服务新的成长，这样就真实地沟通了日常表现和学期的最终结果。更重要的是这个"秘密"的发现来源于自我，是来自灵魂深处的力量。这才是一个人宝贵的成长。

诚然，您可以在这个理念的基础上创造性地设计。例如，您可以把记录语言和记录事件结合起来，您可以在末尾增加"我的假期畅想"等栏目。

第六章

理念烛照下的实践

大爱无痕,大教无言,做一个不再瞎忙的班主任,力求在无痕中最大限度地发展每个学生。

第一节 实践个案

教育的目的应隐藏在教育行为之中，显性的教育目的会因为显性而导致教育效果苍白。

个案1：兄弟，抱一抱

巍和飞的一场打架，让家长和我头疼万分。

高三的学生了，还不知道珍惜在一起的时光，不懂得友谊重要，甚至还不懂得控制自己的情绪。

忽然，想起那句"度尽劫波兄弟在，相逢一笑泯恩仇"来。如果他们能相互来个拥抱，问题是不是就可以得到解决了呢？我不相信一次拥抱会产生这样的结果，但是我相信如果学生每天都来个拥抱可能就有效果了。

我是个贪心的人，其实教育是需要点儿贪心的。正如下棋，棋子放在这个位置和放在那个位置都可以让对方不那么顺利取胜，但总有一个位置在让对方不顺利的同时，又可以使自己利益最大化。一个优秀的班主任，要思考的就是让每一项活动的教育效果最大化。

首先，这个拥抱行动不能让学生感觉到是因他们俩打架引起的，否则这个拥抱就有了针对性。任何明面上的东西，教育效果往往会打折，教育是需要无痕的。我要让班上的学生都相互拥抱，进而促进整个班风好转。

其次，不能使拥抱流于形式，必须在相互拥抱时送给对方一句友好的或者鼓励的话，通过拥抱传递力量，进而构建良好班风。

再次，采取单一拥抱的方式，让拥抱效能最大化。最先到达教室的同学站在门口拥抱第二个到来的同学，第二个同学站在教室门口拥抱第三个同学，依此类推。当最后一个同学到达的时候，就没有人可以拥抱了，他只能被拥抱。此时，我让最后一个同学谈被拥抱的感受。表面是谈被拥抱的感受，实际上关涉他作为最后一个到达的人的心理活动。我相信，今天最后一个到达的同学，明天应该不会是最后一个到达的。因为这种站到讲台上谈感受的行为，对他个人不是一种光彩，而是一种督促。长此以往，班级里不就没有迟到现象，并逐渐形成力争上游的局面了吗？

最后，男生和女生还是有区别的，那么就分两排吧，女生拥抱女生，男生拥抱男生。这样即使不能次次"仇人相逢"，但总有相逢的时候，相逢一抱并赠予友好和鼓励的话语，是一件多么美妙的事情啊！对了，男生叫"兄弟，抱一抱"，女生就叫"姐妹，抱一抱"吧。

有了这个谱儿，在当天晚上的交流时间，我在班上宣布了这个决定。

> 我特别喜欢看足球比赛，我知道很多主力队员是不愿意被换下场的，但他们被换下场的时候，我们往往能看到主力队员和替补队员相互击掌和拥抱。我知道，他们是在相互鼓励和加油。我希望从明天起，我们班也来个拥抱活动。

在学生惊诧的眼神中，我讲述了拥抱的规则：第一个到达的拥抱第二个到达的，并赠予友好和鼓励的话语，依此类推；男女分两排，女生拥抱女生，男生拥抱男生；每天最后一个到达的男生和女生总结被拥抱的感受……

这是一个新奇的决定，尽管当时巍和飞可能会有"万一得拥抱"的顾虑，但他们没法"违抗"全班的决定，默然地接受了。

第二天一大早，我第一个来到教室门口。明是班长，是第一个到达的学生。我给了他一个大大的拥抱——"兄弟，今天给哥哥一个精彩的明！"他憨憨地笑了一下。

然后，我站在旁边，等候第二个男生和第一个女生的到来。第一天，我要看看效果如何。

接着，第二个男生伟来了，两个大男生很自然地拥抱了一下——"兄弟，加油"。明走进教室的时候，第一个女生丹丹到了教室门口。我轻轻地走过去，给了她一个拥抱："丹丹，今天要让梅哥为你自豪。"伟还开了一句玩笑："老师，你不是女生。""啪"的一声，丹丹的巴掌打在了伟的背上，"梅哥是老师！"我知道，这一巴掌的背后是友爱和自豪。

后来的一个个男生和女生，都这样相互地拥抱了，一句句友爱的或者鼓励的话语就这么传递了下去。学生表情轻松而愉悦。一旁的我，生出"拥抱恨晚"的遗憾。

男生中最后一个到达的是成，那个著名的"睡神"。女生中最后一个到达的是利，那个仗义却稍微有点儿不够勤奋的女孩。

总结的环节自然而然地到了。成说："我敢保证，明天不能拥抱别人的肯定不是我。"利说："感谢萍（女生中倒数第二个到达的女生）对我的鼓励，明天，我要第一个来。"在这简洁的言语中，有一种精神在流动。

不奇怪，巍和飞是没有拥抱到的，因为共有16个男生，他们第一次就拥抱的可能性还是很低的。但我知道，总有一天他们会拥抱在一起的，说一声："度尽劫波兄弟在，相逢一抱泯恩仇。"

化解矛盾的方式很多，有时不必道歉，一个动作或许就够了。班风的构建方式很多，有时不必明确，一个创意或许就行了。

友爱和正能量的传递，在这个也有矛盾和坎坷的班级里进行着，我能感觉到，这项拥抱活动，将是我带班生涯中的得意之作。

这个世界上没有恨能解决的教育问题，所以教育才需要智慧。

个案2：睡觉感言

刚接手班级，前辈就告诉我成是个睡觉大王，无论班主任还是校领导都没有招数，更可气的是他对老师、领导根本不屑一顾。

成的妈妈来过学校多次，结果依然如故。

果然如前辈所言，在我这个班主任的语文课上他也能睡得很香：姿势舒服，呼吸匀称。发火？有用吗？前辈早给我做了情感铺垫了。于是，我轻轻地摇醒了美梦中的他："兄弟，昨晚没休息好？"这声"兄弟"让他很惊讶。他不知所措的样子还是让我窥到了他心中的紧张。"没，没，噢，是没休息好。"他语无伦次，"对不起，老师，我不该睡觉的。"

对他的反应，我是颇感意外的，但我知道，这或许是他给我这个新班主任留点儿面子吧。

"没什么，我理解，我初中时上课睡觉，还被英语老师揪过头发，呵呵。要不，你再睡会儿，免得影响下节课，反正语文课少听一节也无所谓。"说完我就离开了。

没多久，他真的又睡着了。睡神？真的！

下课后，我把他叫到了办公室。"兄弟，你昨晚肯定没干好事？"一个老师一本正经地教育学生，效果不见得好，"不然，你咋还能真的再睡着呢？"我的语气里是有些玩笑成分在的。

"嗯，没干啥好事。"我是知道的，他是顺坡下驴而已。这种"惯犯"对付老师是很有一套的。正在他说话的当口儿，我递过去一张纸和一支笔。"来，给我写个睡觉感言。""睡觉感言？哦，我明白了。"然后，他什么也没说就走到了旁边的一个空桌上，认认真真地写了起来。或许是已经习惯了写书面检查，他一会儿就完成了。

睡觉感言

今天上语文课时,我一不小心睡着了。因为我昨天晚上玩游戏玩到很晚,导致今天上课睡觉。我知道自己错了,对不起老师,对不起家长。以后我将努力改正自己的错误,不辜负老师和家长的苦心。

一会儿工夫,他就将这份"感言"给了我。我迅速地用眼睛一扫就退还给了他。"你小子,我让你写检查了吗?看你那没出息的样儿,一个经常写检查的人能有出息吗?一个人整天记住自己犯了多少错,能进步吗?聪明的人是可以把错误变成进步的,懂吗?"

对我一连串的问号,他丈二和尚摸不着头脑。"我让你写的是睡觉感言,就是写你睡觉时的感受,或者是你对睡觉有什么看法。去,拿回去认真写,下午交给我!"没等他说话,我就把他推出了办公室。我是知道的,掌握学生心理是有个时机的,是需要把握好度的。此时两人交流多了,不见得是好事。

没有食言,他下午果然给我交来了他的第二份"睡觉感言"。

睡觉感言

睡觉,是一个人生活的需要,如果一个人一直工作而不休息,会累死的。同样,一个人如果一直睡觉,而不知道学习或者工作,那他就是个废人。

作为高中生的我,不是一个好学生,我总是在不合适的时间睡觉。例如,上课睡觉,而且睡的时间还比较长。很多次老师叫醒我,我还生气。其实,想想,我是对不起他们的。小而言之,我对不起自己,对不起老师;大而言之,我对不起我的父母。如果一个社会,像我这样的人多了,那该多么可怕啊!班主任说，聪明的人是可以把错误变成进步的。我想，这次睡觉事件，是一定可以转化为我进步的机会的。我有这份决心。

这就是我的睡觉感言。

下午放学时，我问其他科任老师成上课的情况，结果是意料之中的：他下午又有三节课在睡觉。

是啊，一个人的心理改变，不可能通过这点儿文字就能做到的，我也不相信他一下子就能认识深刻和改变彻底。如果一个老师真的轻易相信学生的一个"诺言式"检查，那就说明他是不懂孩子内在心理的稳定性和表层调节的暂时性的。

晚自修时，我又找到他："兄弟，你没有理解我的意思，我不是让你写反省。虽然你的'睡觉感言'开头议论很好，结尾也很简洁，但给人的感觉依然是检查。我这个人只帮助人，可不想惩罚你，不然得罪你还不讨好，呵呵。正常休息不是很好吗？你也说到了，一个人是不能一直工作的，他需要休息；一个懂得劳逸结合的人，才能活出生命的质量。"

"那，老师，写啥啊？"他一副茫然的样子。

"就写睡觉的好处。"看到他依然茫然的样子，我只好说，"我让你写它，其实是想让你将功赎罪。我不是说了吗，聪明的人是可以将错误转化为成长的机会的。我想让你这个睡觉的错误，成为你成长的机会。"

他，还是不懂。当然，懂了，就不是他了。

"我想让你认真修改'睡觉感言'，将文章发表出去，以后你就懂得如何在错误中寻找成长的机遇了。我有朋友在杂志社，你好好修改，也许能发表。记住，别再写成'认罪书'啊。"

这次他没有发愣，而是回去认真写了。

逐渐有科任老师告诉我说成上课不怎么睡觉了，当然，也没有听课，而是在一张纸上不停地写东西。我听了会心一笑——就是要这个逐步改变的过程，而且我还会将过程拉长！

两个星期内，成多次交给我稿子。每一次我都指出一些不足让他修改。或许是看到了自己文章的进步吧，他还真有修改的耐心呢。经过一次次交流、修改，他一步步地进步着。其间在课堂上睡觉是不可避免的，当然，我也就视而不见。任何一个在改正中前进的学生，老师应该允许他反复。而不懂心理的老师总是不放过学生的一点儿反复，美其名曰"治病要彻底"。

一个多月后，他交给了我这样一篇"睡觉感言"——

睡觉感言

因为在一堂课上睡觉，我有了如此感言。——题记

弦张得太紧易断，人走得太急易伤。不缓不急真生活，不急不躁方人生。

君不见商人重利轻别离。有多少成功商人因为远方大的利益而轻易地和自己的妻子屡屡别离。在金钱滚滚入囊的同时，美貌如花的妻子多少次独守空房，最后红皮换绿本，劳燕各东西！

君不见游子重岗位轻亲情。有多少外出的游子，因为所谓的山重水复路迢迢，用工作忙碌为借口，很少回家探视年迈的双亲。在自己工资渐长的同时，白发苍苍的父母守着空巢暗流泪，最后子欲赡养而亲却不待，徒留四壁空空悔青肠！

君不见父母重工作轻子女。多少个父母因为工作忙碌，将子女交给了老人或者直接交给了保姆。当孩子渴望父母怀抱的时候，他们却在遥远的地方忙着各种应酬。孩子对亲情望眼欲穿，父母却说"我忙"。直到子女成绩一泻千里甚至成了少年的

罪犯，他们才醒悟亲情无价。

　　君不见其他各种名利客，为了所谓前程苦奔波，直到功亏一篑卧血泊，方明白与其透支早逝去，不如缓急结合放长远。

　　是啊，累了，歇歇！

　　亲人不冷，子女不荒，自己才能有真正的平安与泰康。

　　脚步太急，灵魂追赶不上，人就累了！

　　困了，睡睡。

　　或许成的这篇文章算不上好，但为了帮助他，我还是联系了编辑朋友，让她帮忙刊出了这篇文章。

　　十多天后，样刊到来，随之而来的还有40元稿费，他兴奋异常。我更是"借机生事"，将此文复印，发给同学、领导和家长，让尽可能多的人去"欣赏"他的"大作"。

　　当传播的范围足够广后，其实投向他的目光也就足够多了。加之前后长达两个月的过程，成，以后真的没怎么在课堂上睡觉。

　　教育从来都不是简单的为了解决问题，更不是为了让某个学生承认错误，更多的要看这个事件解决后，学生是否获得发展或者种下了发展的种子。

个案3：100块钱"买"一个人

　　宿舍的水龙头坏了！

　　生活老师费尽心思调查，却没有一个人承认。最后在德育处领导的逼迫之下，209宿舍的多数男生指出了阿明。"不是我，你们别诬赖好人啊！"阿明有些理直气壮。

　　于是德育处就把阿明交到了我手中，毕竟我是班主任。看着他一副委屈而理直气壮的样子,我知道,对这小子暂时不能以硬碰硬。于是,就让他站在我办公室座位的后面,我和他面对面站着。接着,我就微笑着问他:"水龙头是不是你小子弄坏的,老实回答?""不是,真不是!"他依然很坚决。"呵呵,不是就不是呗,还大义凛然啊!"先调节紧张的气氛,我一向不喜欢和学生剑拔弩张。"我绝对相信不是你,但是别人都说是你,我也很纳闷。这样吧,生活老师说要赔60块钱,是你们平摊呢还是你来付?反正别人赖上你了啊!"我有些慢条斯理的。他一脸无辜的样子:"唉,老师,不是我弄坏的为什么要我付?"

陶行知先生说要学会委婉。我知道,顺着事件往下走的谈话,往往都是没有太大效果的。摆了摆手,我只好说:"算了,反正我是班主任,领班主任费的,我给你100块钱,你交给生活老师吧。"

这时,这小子倒仗义了。他说:"不是你弄坏的,你为什么出钱?"

"不是我弄的,但是我的学生弄的啊,我当然有责任了,何况我还有班主任费呢。钱我舍得,要是传出去说我们班的同学做了事情不敢承认,我的脸往哪里放啊?我可丢不起这个人,你说呢,我们班走到今天(由被别人看不起,到被很多人称赞——笔者注)不容易!失钱事小,失节事大啊!"和每一个学生谈话,我都是如此,没有一点儿"正经"的样子。

这小子什么话都没说,拿着钱头也不回地走了。

下午,他要把剩余的40块钱还给我的时候,我把他的手推了回去:"你拿这些钱出去买一些糖吧,我喜欢吃。"他说:"好吧。"没有任何疑问。

课外活动时间,我放他出去买了4袋奶糖。正好晚上是我的晚自修课,我就让阿明每个人发了5颗。在同学们都表示疑惑的时候,我就把表情调节到很高兴的状态:"大家知道我为什么买糖给大家吃吗?哈哈,今天高兴啊,因为我受领导表扬了。"一阵掌声传来,我继续我的"高兴":"表扬的原因是,尽管没有查出来男生209宿舍的水龙头是谁弄坏的,但我们主动把钱付了,领导认为我办事效率高;更重要的原因是,这件事没有传出去,我们班的名声依然很好,不然就丢脸了,哈哈!"

我的"哈哈"还没有结束,209宿舍的那几个家伙不愿意了,他们都指向阿明:"阿明你小子把老师害惨了,还差点儿丢了我们班的脸!"

阿明有点儿不好意思了,这时我就严肃了起来,我必须压住这帮家伙啊。"谁说是阿明弄坏的?谁撒谎我收拾谁!这糖还是阿明出去买的呢,他不买,你们吃什么啊,一群没良心的家伙。"同学们一看势头不对啊,教室里突然就安静了下来。我不喜欢冷场的教室,就说:"现在啥也不干,吃糖!吃糖!"

于是,学生都开始吃糖。我知道时机差不多了,就中途找了个机会:"大家好好学习,我出去喝点儿水,要保持安静啊,别给咱班丢脸!"

在我走出教室后不久,阿明跟了出来,白天高昂的头有些低了:"老师,是我干的。""哈哈,你小子,是不是你无所谓的,反正我们班没有丢脸,这是最重要的,你说呢?"抛开水龙头事件,谈班级荣誉,我知道这个时候是需要这样的。"老师,我给你钱,不能让你赔钱的。""你小子,要是给了我钱不就等于承认是你干的吗?""就是我干的啊!"这时,他流露出自信的眼神。任何追究和教导此时都会是画蛇添足,于是我给了他一拳:"好小子,像我,敢做敢当!"说着,我将他手里的钱推了回去,"你是学生,纯消费者;我是老师,有的是钱!"假装了一回大款,我推了一下他的后背:"回去吧,别让人家以为你跟我认错呢。你先回,我后回。不能一起的。"

我觉得,这100块,是可以让阿明懂得很多东西的。100块钱"买"一个学生,难道不是很值吗?

真正的好老师不一定是学生感激的，因为大爱无痕；但一定是家长感激的，因为真爱可触。

个案4：第一次，我收礼了

"孩子不在学校上学了，但我们是朋友啊！"阿祥的爸爸专门从遥远的地方赶来看我，边说边从汽车里拿出了一件秋衫，"这是老哥给兄弟的衣服，收下！"

我没有拒绝的余地。"我知道你们学校不允许老师收家长的礼物，所以以前我不送，现在我已经不是学生家长了，我们是兄弟！"

于是，我收下了那件秋衫，收得很欣慰，也很坦然。

阿祥离开我班有几个月了。阿祥是一个几乎没有人喜欢的学生，因为他上课不爱听讲，因为他的成绩极差，因为他与众不同的性格，更因为他"不可理喻"的爸爸。

阿祥的性格并不孤僻，可是没有人愿意和他同位。瑶瑶曾经被排到和阿祥同位，我记得那次瑶瑶大闹天宫似的要和我翻脸，坚决不和阿祥同位。即使是我这个被很多人说过口才佳的老师，也没有说服瑶瑶，于是，就把阿祥从瑶瑶身边调开了。只是，之后我根本找不到一个愿意和阿祥同位的学生了。

我知道，成绩差不可怕，可怕的是在集体中被孤立，在群体中被遗弃。我只好拉着阿祥的手告诉他："阿祥，你知道我喜欢你什么吗？"

那时，阿祥的眼神里流露出来的是不相信。"我喜欢有个性的人，因为我也有个性。"或许这样"工作性"的话他的很多个班主任都说过吧，他没有任何激动的表情，而且我还能从他的眼神中读出一种不屑甚至鄙夷。他的表情也让我后来对所有的班主任瞬间感化学生的教育效果开始产生怀疑。班主任对待学生不就是"三部曲"吗？一情感顺向，二上升引导，三提出要求。这种程式化的工作方式，早被学生放逐到了遥远的撒哈拉。

不管他同不同意,那天,我搬了一张课桌,做了阿祥的同位。因为在初二的时候,我尝到过被老师放弃的痛苦,我不想让我的任何一个学生体验被放弃的滋味。客观的事实是我们班的其他成员,确实很难接纳阿祥(后来了解到一是因为阿祥自己,一是因为他"爱发疯"的爹),我想用自己的行动温暖他。

自从和阿祥做了同位,或许是迫于我在旁边吧,他上课开始认真听讲了。我和他的交流也多了起来。可是,认真听课并没有给他带来成绩的提升。接下来的月考中,他的数学竟然考了零分。于是,就有了我和他下面的这场对话:

"阿祥,你愿意把数学学好吗?"

"谁不愿意啊,可我就零分的基础,怎么学也没用了。"

"你相信我,我就有办法让你的成绩迅速得到提升。"

"我不相信,哪有这好事?"

"那你要听我的话,听我的话就有好事,就能让你的成绩得到提高。"

"那你不许和数学老师串通,故意照顾我。"

"以人格担保!你每天上数学课认真听,每天和我一起做一道数学题,然后你再问数学老师一道数学题。这两个'一'你能做到吗?"

"这个简单!"

"你问老师的那道数学题,你要将详细的解题步骤写在笔记本上,我要查,同时我还要问数学老师你到底问了没有。"

"保证没问题。"

就这样,我们开始了第一份约定。因为和他同位,所以他上课时的一举一动我都能观察到,也能更好地和他共同完成那道数学题。他也能按时问数学老师问题。

期中考试时,他数学考了45分。虽然相对于160分的满分,45分是一个可怜到不堪的数字，但对阿祥来说，这是多么大的进步啊！

我没有在班上表扬他（因为我知道，有时候表扬的力量是反向的），只是在当天下午带着他去吃了一碗面，我请客。我说："我很高兴，真的，因为你的成绩里有我的一半，所以你的进步就是我的进步。"

在班级陆续成立一个个委员会的时候，他首批加入了班级学习研讨会。自从吃了那碗面开始，他每周离校前，都会留下来和我一起打扫和整理教室。

也是在一个离校的日子，因为有些其他事情，我们打扫的时间长了些。这时，一个陌生的男子闯进了教室："阿祥，你怎么还不走啊，我都等你那么久了！"

这个陌生的男子是阿祥的爸爸，是路过苏州顺便接孩子回去的。

"爸，这是梅老师。"阿祥向他的爸爸介绍。当我礼貌性地伸出手要和他握手的时候，他的动作让我十分惊讶，他用瘦瘦的手臂拥抱了我："谢谢你，梅老师，你是第一个把阿祥当人看的老师。"

阿祥爸爸的"第一个"之说，让我十分惊讶。在接下来的交流中，我了解到这样一件事——

高一的一次家长会。在听完学校和班主任的"工作汇报"后，阿祥的爸爸逐一找科任老师了解孩子在学校的学习和生活情况。然而从各位科任老师那里，他听到的却是孩子学习情况是如何差、上课纪律是如何差、生活态度是如何差之类的话语。他告诉我，当他听到这些话语的时候，他的心都凉了。他知道自己的孩子学习不好、生活习惯不好，可是他还是无法接受那么多老师向自己抱怨，毕竟那是他唯一的儿子！最后一个和他交流的是班主任，没想到班主任开口的第一句话竟然是："这孩子没救了！"他说，当班主任说出这句话的时候，他忍不住跳了起来，当着办公室所有老师的面，他暴跳如雷："只有你们这些差的老师才会教出这样差的学生，只有你们这样的差学校才有这样差的老师！"

或许就是因为这次"暴跳如雷"吧，在我接班的时候，就有不少老师告诉我要当心阿祥的爸爸，他是个极没有修养的不可理喻的人。也有班上的同学警告我："老师，以后阿祥有什么事情，千万别跟他家长联系啊，他爸极不讲理！"

虽然没有见过，虽然"阅家长无数"，这些先来的消息还是让我心里犯怵。

第一次和阿祥的爸爸交流是因为阿祥在上课的时候偷偷出去打篮球。我怀着忐忑的心情拨通了他的电话，那边传来了爽快的回答声："没问题，梅老师，凡是你的决定我都支持！"那次，我把几个学生赶回了家去（现在想来，是不可以的），包括阿祥。在很多家长到校长处告我状的时候，阿祥的爸爸还打电话安慰我："梅老师，这是一个很好的教育机会，我们一起把握。"那次，我感到奇怪，他怎么会对我如此支持。

这第一次见面和这个出人意料的拥抱动作，让我怎么也感觉不到这个人有多么"不可理喻"，反而感觉到了一种发自内心的真诚。

之后的日子里，阿祥虽然勉强通过了江苏省学业水平测试，但是综合成绩依然没有大的提升，毕竟他以前"欠债"太多了。唯一让人欣慰的是，他逐渐被同学接受了。

阿祥不是一个喜欢和老师谈话的学生，即使是在帮我打扫、整理教室的时候，也只是我问一句他才答一句。一直到后来他回原籍读书，我都没有听过他一句感谢的话或者主动交流的话。

阿祥的爸爸来看我之前是给我打过电话的，他说孩子在原籍读书很好，没有时间来看我，是他自己想来看看我。

"梅老师，你知道吗？尽管孩子没有在我面前说过你有多好，也没表达过他对你的感谢，但是从他逐渐开朗的性格和逐渐端正的学习态度上，我看到了孩子的变化，是你给了阿祥尊严，是你挽救了一个孩子。成绩差我不在乎，我在乎的是成人。我就这一个孩子，梅老师，你给了我未来!"这或许就是阿祥的爸爸支持我的原因吧。

"无论孩子在不在你手下读书,我知道,在心底里我把你当作恩人和兄弟,当作永远的朋友!"丢下这句话,阿祥的爸爸走了,留下了那件秋衫;我却在他走后的这段时间里,写下了上面的文字。

第二节 案例背后的理念

案例1:一切为学生的发展服务

[案例呈现]

昨天上午接到一个中年男子的电话,说他是班上一个女生的爸爸,给这个女生请一天病假。班主任没有多想就准假了。傍晚,女生的妈妈来电,发现女生并不在家。谎话穿帮!调查发现,周六晚上该生就离校了。打女生的电话,打向我请假男子的电话,均不接。家长急坏了,于是报警。到昨日深夜,通过持久不懈的短信攻势,女生与家长联络上了。今天女生来校,陈述了事情的经过:周六她私自离校给一个男孩过生日,太晚了就留宿在男孩家里。后来,女生的妈妈告诉我,女生回家之后一直责怪母亲,认为是母亲把事情弄大了,不然她回来后还是可以安静地在教室里读书的。(注:学生正处于高三下学期)

[校方处理意见]

鉴于她处于高三下学期,为了不影响她的高考录取,学校取消了纪律处分。但学生必须回家反省一周,一周后到学校办理走读手续。

[笔者感言]

学校试图通过这种方式教育学生,并起到杀鸡儆猴的作用。但从教育法理上讲,谁也没有权力让学生停课一周;而从教育心理上讲,学生回家一周真能反省自己的过失吗?就现在的学生来说,这只能徒增对学校的怨恨,使其对把事情闹大的家长更加不满。他们可能会有被侮辱、被损害的感觉,而不会反省自己错在哪里。从教育责任上讲,让学生走读就是解决问题的途径吗?这是将教育责任往外推的表现,是不负责任的行为。如此来看,学校的处理意见,是在教育学生,还是在伤害学生?

[班主任自述处理意见]

学生回校之后,我立即找她谈话。首先,了解事情的前因后果,然后向她分析两点。一是分析爸爸妈妈为什么找她。因为父母爱她,任何一个孩子都是父母的心头肉。二是分析那家人是不是真的对她好。男孩的爸爸给我打电话,到底是出于对她的关爱还是在害她,我让她分析清楚。最后,告诉她要理解学校的立场,学校这么做也是为了她好,不希望她再犯类似的错误。

谈话结果:谈话下来,女生的眼神一直是闪烁的,到后来就一直流眼泪。我能感觉到她并未从内心接受我的开导。

[笔者感言]

学生不接受班主任的开导是自然的结果,因为班主任根本没有了解学生此刻的心理是什么状态,她的心理需要是什么。在谈话内容上,班主任站在了自我的立场上,而没有进行换位思考。在处理时间上,班主任"立即找她谈话"犯了一个大错误。教育不仅仅是一种慢的艺术,还是一种有节奏的艺术。事情已经发生,客观扩散的影响已经对学生的心理形成了冲击,她已经在反思自己的行为所带来的后果。倘若把握好节奏，顺随孩子自省的心理，冷却一段时间再谈话，将会事半功倍。

[网友建议]

学校处理后，冷却一下，过一段时间找个机会，和她坐下来聊聊，千万别扯到这件事上来，但你谈话的内容还要和上次不回家的事有关。这就是班主任醉翁之意不在酒的技巧。

你和学生谈话的时候，不要就事论事，既然学校处理了，你要做的就是讲什么是真爱，怎么和男生交往，怎么保护自己。要让她认识到这个时候和男孩交往过密是不对的，让别人冒充家长打电话给班主任也是不对的。要让她切实认识到这种问题的严重性。

[笔者感言]

相对于班主任的处理，网友们的建议可以说科学很多。明白这样的事情要冷却，要有节奏地处理，谈话方式要迂回。只是，笔者以为这种"醉翁之意不在酒"，就谈话的技巧来说是不错的，但就教育本质来说还是偏离了方向。这一处理意见的最终落脚点还是会触及那个问题，而且目的是让这个学生认识到错误。试问：孩子为什么会生母亲的气？难道在老师教育她之前，她没有意识到自己不对吗？纠缠于过去能解决明天的问题吗？所以，我以为，这种相对温和的处理方式，在某种程度上不是在培育、发展人，而是在学生即将忘了痛而重新投入学习的时候来揭她的伤疤。

【培育—发展处理观】

一、案例再分析

这个案例有三个基本细节是不能忽视的。

一是学生在自己不能到校的情况下，想到了给班主任打电话，尽管这个电话是别人冒充的。

二是学生因为家长、老师把事情闹大了而极度恼怒。

三是这个事件被闹大已成客观事实。

根据"培育—发展"班级理念，一切教育行为都应该为学生的发展服务。我认为从某种程度上说，这不是一个改造人的契机。学校或班主任的"解决方案"只会走向教育的反向。轻则加重学生的心理负担，重则让她因此形成自卑心理。因为从学生想到了给班主任打电话这一细节来看，她心里是有班主任、有学校纪律的，她不是一个自甘堕落的孩子。何况给男孩过生日不归这一事实的背后是堕落还是采取不当的方式来强化友谊，是难以定论的。即使是前者，从打电话这一细节来看，我宁愿理解成是她一时糊涂，因为即使在这样的时刻她还没有忘记自己是学生。从埋怨家长把事情闹大这一细节来看，她担心的不是学校如何处理，而是这个事件给自己造成的声誉影响。孩子不是没有羞耻心，而是具有强烈的自尊心和道德感的。

一个在内心拥有自律意识和强烈道德感的孩子，能算一个坏孩子吗？

第三点是事件被闹大的客观事实成立，也就是说，学生最在乎的名誉和道德受到了冲击。

这一冲击的客观存在是孩子最难以承受的。从难以承受的现实看，事件本身已经教育了孩子，我们也相信这一闹大的事实会使得她不敢再犯类似的错误。这个时候老师再来画蛇添足式"教育"，不就是在更大程度上加重孩子的心理负担吗？这样不但不利于孩子的发展，还会造成师生关系的僵化。

这个时候孩子最需要的不是老师的"教育"，而是安抚，是走进心灵的理解。

综上分析，这不是一个"教育"孩子的契机，但它却是重塑孩子和拉近师生关系的契机。"重塑孩子"就是为了让她在现在的基点上重新站起来，为梦想而努力。

二、我的处理方式

基于以上分析，我觉得应该这样处理。

第一，理解她。要站在她的角度真正地去体会她的感受。将心比心，这是赢得孩子心灵的最好方式，也是影响孩子的最好方式。此时，这个孩子的心理压力巨大，肯定对学习有影响。如果班主任能在此时理解她，就能够舒缓她的心理压力，让她尽早回到学习的道路上来。教育的目的不是讲道理说教人，而是成全人、发展人。

第二，告诉孩子，你的做事方式让人有些担心。注意，这里不是批评她，而是"告知"。班主任分别站在家长、老师和孩子的立场上去体会这件事情，而不是就已经发生的事情的"恶果"来批评学生。谈论"事件"这一客观事实，孩子就能够更好地接受教育，并能进一步理解"不应该"，而不是"有多么错"。这样更有利于孩子的发展。

让人担心的原因如下。

①这样做会让家长非常担心。你看事实就这样发生了。要是你是老师的孩子，老师也会担心的。虽然妈妈报警有些过分，但可以理解。

②这样做对老师是有影响的，以后我就不敢轻易让学生请假了。不允许别人请假吧，又会陷老师于不义。假设你是我，想想，是不是也是这个理儿？这样换位思考，表面上是让她理解老师；而实际上呢，她会知道不应该这么做。注意，"不应该做"和"错在哪里"是两个层面的问题。

③一个女孩外出住在一个男孩家里，一旦传出去，对自己的名声确实影响不好。无论你们关系怎样，别人难免会乱猜测的，你想解释都解释不清楚。我再相信你，别人也难以相信啊，你说是吗？

我以为，有了"一个理解"，以及以上三条这样做不合适的理由，孩子的情绪会稳定的。班主任也可以得到一颗心，因为你给予的正是她需要的；你没点明的，是她已经知道的。

为说明"培育—发展"班级理念指导下这样处理的效果，下面谈谈发生在我所带班上的一个案例。

[案例链接]

丹说家里有事，姑姑在校门口接她，要我开出门条请假。我没有犹豫，就将出门条开给了她。

谁知第二天丹的妈妈从家里赶来，说买房子要用丹的身份证。当我说孩子被姑姑接回家的时候，丹的妈妈惊呆了："今天就是和她姑姑一起开车来的啊！"丹撒谎了！我心中一阵紧张："这孩子到底要干什么啊？"这时，丹的妈妈也十分着急。我发现班上有一个和丹要好的女生也很紧张。有问题！于是，我就叫来该生询问，得知丹是撒谎出去会男朋友了。此刻，丹的妈妈脸上通红，眼睛里闪烁着泪花。我和她不停地拨打丹的电话，丹明白事情露馅了。于是，她不接电话，一直不接。

此时，我将丹的妈妈叫到一旁："是我的失误，我应该和您联系，确认一下。""不，梅老师，不是您的错，是孩子不懂事。"丹的妈妈是个有修养的女子。"现在，我们唯一可以放心的是，孩子是安全的。这种事情不是好事情，但处于青春期的孩子，冲动也可以理解。只是我们应该怎么处理这个问题才是对孩子最好的，我们商量一下，毕竟孩子处于高三。"

于是，我和丹的妈妈详细分析了丹此刻的心理。从不敢接电话这一细节来看，我们相信事情本身就已经对丹造成了极大的心理冲击。于是，我们就决定不声张、不处理，让孩子在这种心理的冲击中完成自我反省。

然后，丹的妈妈给丹发了一条短信："女儿，回来吧，妈找你拿身份证。"

大概 20 分钟后，丹打车到了学校。什么也没有说，丹的妈妈就带着她离开了学校。我不放心，大概一个小时后，就给丹的妈妈打个电话，问她在做什么。她回答说："带丹逛了一会儿街，现在在吃肯德基呢。"那一刻，我放心了。然后，我找到了和丹要好的那位女生，要她为朋友保守秘密。

第二天，丹回到了学校，她告诉我说："老师，我要考班上第一名，考复旦大学。"我什么也没有问，只拍了拍她的肩膀："丫头，你得让我信得过你哟！"这句话的含义，她懂的。

丹之后学习非常卖力，也一直保持着班上第一名的成绩。

高考成绩出来后，填志愿的那天，我和她开玩笑说："丫头，你害惨我了！"她那一低头的温柔告诉我，一切她都懂的。我也相信以后的路，她能走得很好。

无论发生多大的事情，都要以保护孩子为主，都要为孩子的发展服务。因为时光不会倒流，发怒和处罚于事无补。只要让孩子明白以后该怎么做就可以了，而不是让孩子纠缠于过去有多么错。为孩子的发展服务，向前看才是做教育；向后看是不道德的，抓昨天是不科学、不理智的。

案例 2：在你的篮子里，就是你的菜

[案例呈现]

1. 总有同学的物品被莫名其妙地扔在地上。一天，灵告诉我是皓干的。于是我就找到了皓，问他为什么要把同学的物品扔到地上。他说："没有啊，我怎么可能做这种事情呢？"一脸的无辜。后来，在别人的指证下，他不得不承认。然后，他对我说他的爸妈身体不好，求我不要告诉家长。为了他的面子，我没有将此事张扬出去，

只是私下里让他写了检讨。

2. 伟的钱丢失之前，只有皓见过。当我问皓有没有拿时，他咬死说没有。后来，在老师的推理下，他承认钱是他拿的。当把家长叫来一起教育孩子的时候，他转脸就不承认了。家长还以为老师冤枉了孩子。第二天到学校我再问他时，他又承认了。只要有别人在场，他就坚决不承认。突然，有一天他大喊："伟的钱在自己的书桌里啊！"皓的手里拿着刚从伟的书桌里拿出来的钱。其实，那天他是第一个进教室的。

3. 前天，我了解到，皓竟然在背后骂我"婊子"。可是在我的面前，他总能装出尊敬老师的样子。

后来还了解到皓在家里也比较怕他的父母。似乎在我面前承认错误是为了躲过老师的惩罚，而面对家长时不承认，是为了躲避家长的惩罚。

［说明：1.该生的父母都是老师；2.该生写过很多次保证书。］

［我的解决方案］

看到这个案例，很多班主任会崩溃的，怎么是这样的孩子？可是，我们做的是教育工作，我们要忠诚于自己所从事的岗位。所以，无论这个孩子怎么样，他都是你的学生，放在你的篮子里，他就是你的菜。所以，此时老师先要摆正心态：他是孩子，是孩子就会因为在他看来的一点儿不公正而"怀恨在心"；我是教师，我做的是教育工作，我不能放弃任何一个孩子。

教育中没有恨可以解决的问题，也没有"伪爱"可以解决的问题，只有建立在对生命敬畏基础上的爱，才能解决问题。

爱孩子，就要为他的成长服务。服务，不是将弯的铁丝拉直，孩子不是铁丝，不能硬拉，因为拉得不当，就可能折断。所以，这也不是一个可以用冷的方法处理的事。周国平先生说，爱的反义词不是恨，而是冷漠。有时候冷会造成雪上加霜。把握不好这个度，就不要采取这种方法。不能将孩子作为教育的试验品。所以，服务，就要有利于孩子的成长，就要为他的健康成长创造条件。现在，这个孩子的成长已经不健康了。所以，他不是一个立刻可以拯救的孩子。或者说，这不是一个创造一个机会（例如，把证人、学生的父母都叫到身边"会诊"）就可以解决的问题。这个问题的解决需要漫长的消解过程，而且是一个立体的消解过程，更是一个需要隐性和显性解决相结合的过程。

那么，孩子此刻需要什么呢？这是问题的切入点。

孩子之所以编造父母身体不好等原因阻止老师将自己在学校里的表现告诉家长，是因为他怕父母。身为教师的父母对自己的孩子要求通常是严格的。很多事情哪怕是丑事，孩子也能够在班主任面前承认，可是一旦回到父母那里，他就矢口否认，因为他深深地明白如果承认了父母会给他怎样的"待遇"。而这个"待遇"比班主任所给的要厉害得多。正因为如此，孩子的行为是反复的。其实，孩子缺乏的是一种安全感——家的安全感。哲人说，这个世界上有两种人：一种人出发，一种人回家。出发的人方向在家，在家的人方向在出发。所以，家才是一个人最重要的情感归宿，这个最重要的恰恰是这个孩子缺乏的。家庭教育在孩子成长中是最重要的。这个孩子缺失的恰恰就是这块。所以，这个孩子是可怜的。

孩子为什么会扔别人的东西？可能是因为他调皮甚至顽劣。但是，对一个家庭情感缺失的孩子来说，他的调皮甚至顽劣就不是通常的那种认定。任何一个缺少家庭安全感的人，内心都有一个空间被扭曲，或者是用暴力的外倾来掩盖内心的安全感缺乏，或者是过于敏感而造成被侮辱、被损害感。从孩子的表现来看，尤其是从"偷钱"（这个事情似乎可以确定是他干的）事件看，他应该属于后者，一个以暴力外倾来掩盖内心安全感缺乏的人，是不会做出这种事情的。再来分析，为什么他会有扔别人东西的毛病呢？就是别人的一些言行举止，在他看来可能伤害了自己，所以他采取的是默默的报复。但这种报复是私下里的行为，他不可能当着众人的面去做。如果当着众人的面去做，这个孩子的心理就更可怕了。至于为什么偷钱，或许出于报复，或许是真有其他想法。这里，我们宁可善意地去理解一个孩子，也不能恶意地去揣测一个孩子。

最后分析他为什么会骂老师。其实，这个是最容易理解的。举个例子，我今年带的预备三班，一次，我发火严厉地批评全班学生，而且那天作业量突然加大。课代表告诉我说，很多同学在背后骂我，尽管我平时对他们特别好。我知道，那是孩子情急之下的自然反应，这个时候他们骂老师不是因为恨，而是一种情感的发泄。于是，我没有去找他们算账，而是当作事情没有发生，第二天依然如故地去上课。结果呢，课堂上他们依然配合，课下他们依然喜欢我这个老师。骂，早就灰飞烟灭了。所以，皓骂老师，甚至骂得很难听，可能就是情感的发泄，而不是认为老师有多坏。为什么要发泄呢？刚才分析过，孩子的家庭安全感缺失，他还需要两种安全感：一是班集体的安全感，二是来自老师尤其是班主任的安全感。从他扔别人东西的被侮辱与被损害的心理分析，班集体的安全感，这个孩子也是缺乏的。那么孩子需要的另外一个安全感就是来自老师尤其是班主任的安全感了。但是从对前两件事情的处理看，尽管老师在处理的过程中也想保护孩子，但老师没有给孩子情感上的安全感。

任何一件事情的发生都是拉近师生情感的机会，可是很多老师总是处理问题本身，而忘记了事件处理的教育功能和"功利"（如拉近师生情感和家校情感）功能，错失了进一步培育孩子的机会。尽管老师尽力地保护孩子不受外界的伤害，但是孩子所需要的情感依靠老师没有给予，甚至从前几件事情的处理中，孩子感受到的是老师的"针对"（注意孩子的感觉）和遗弃，因此，在心理上出现对老师的"恨"是可以理解的。人，尤其是孩子就是这样，他的世界里只有二元，要么归属于我，要么就是对立面。

问题就出来了，孩子缺乏安全感，缺乏来自家庭、班级和班主任的安全感。他此时最需要的就是安全感。

在医学上可以对症下药，可是在教育上，是不能盲目地对症下药的。对这个孩子的安全感缺失，如果你一下子给他太多的温暖，他会感觉到这是对他的侮辱，因为敏感的人对任何异常的东西都敏感。所以，这是一个需要隐性解决的问题，需要在无痕中完成。同样，因为这个孩子的"病"比较严重，就不能够用线性方法去解决，而是需要立体解决方案。

以下个人的思考，拿出来，仅供参考。

首先，要联系家长。尽管家长对老师有误解，但是家长毕竟是老师，他们还不至于糊涂到意识不到孩子问题严重的地步。这个时候，班主任要坦诚地和家长交流，给家长分析造成孩子这种现状的原因。交流时班主任要抓住三点。

第一，用专业的眼光分析造成孩子现状的原因。要通过专业分析证明你是一个够专业的老师，是一个真心关爱孩子的老师。这是赢得家长认同的第一步。

第二，表明立场。这次家访不是因为孩子骂自己，老师理解孩子为什么骂自己。要让家长明确孩子安全感缺失的三个方面。这样既显示出班主任的专业和大度，又可以进一步赢得家长的支持。

第三，自我剖析给孩子造成没有班级安全感的原因。在这个环节，一定要征求家长的意见，问家长怎么做效果才会最好。给家长一个主人公的身份，你将进一步获得家长的支持。

三步赢得家长的支持后，你就可以开展第四步了。

第四，与家长探讨在家里如何对待孩子，给孩子家的安全感。注意，一定要提示家长两点：①不要告诉孩子班主任来过；②家长要慢慢转变，别一下子来个180度大转弯，这样会适得其反。

这次家访后，你应该能逐步解决问题的根源了，也是完成了立体解决方案的第一个支架。

第二个支架来自班级。这个时候，班主任千万不能告诉其他孩子一切是为了挽救这个孩子，一定要化在无形之中。解决孩子心理问题的最好方法是活动，让他在活动中感受到被尊重，感受到别人的帮助，感受到集体的力量。一个活动少的班级，总是容易出问题。所以"培育—发展"班级理念认为，活动是教育的最核心手段。班主任可以和班干部一起设计一些有针对性的活动。当然，如果能设计适合皓发挥特长的活动，让他更多地担当就更好了。

要提醒的是，有些班主任往往会针对某个孩子召开所谓关爱班会。其实，这就是典型的"伪爱"，会伤害孩子的心灵。孩子在这种特设的班会上是另类，是一个"病人"。

第三个支点来自班主任。一个老师对学生进行思想教育，最笨的方法就是直接交流。我最常用的是交流小本。一个优秀的班主任，是需要和学生有个"交流小本"的。思想工作不是可以"做"出来的，更不是可以"教"出来的，是需要慢慢浸润的，是需要通过活动用行为影响行为，用人格塑造人格的。使用交流小本就是一个慢慢浸润孩子灵魂的过程。只要孩子可以给班主任写一点儿文字，无论写什么，老师总有办法引导他继续写下去。在和该生交流时，我觉得要注意四点。

第一，不要涉及孩子做过的事情。教育的目的不是揪住过往不放，而是为孩子的将来打开一扇窗。第二，不要功利地去教导孩子。教导是学生最讨厌的事情，交流的目的是让学生感受到老师对自己的关爱，是为了给孩子安全感。一个安全感极度缺失的孩子，更容易被老师"收服"。第三，写交流小本不是他一个人写，而是让班级每个孩子都写，将"独特"消释在集体中。第四，交流的语气应该是随性的、家常的。很多老师用过交流小本，但总是收效甚微。原因就在于老师们和孩子交流时有个"师生"的身份差异。因为有这个差异，孩子就很难将心灵完全打开。心灵不能完全打开，收效自然是不理想的。

第三节　班主任需要树立的时间意识

班主任的忙，其实就集中在两种感受上：一是事情总处理不完；二是觉得时间不够用。当然，本质上它们又是一回事。那么，如何才能让事情不那么多，而时间又变得充裕，从而让自己可以自然地做事，优雅地成长呢？

这就需要班主任树立时间意识。

一、要树立"做对事情"的意识

老师，我班上有50名学生，大部分学生都遵守纪律，真正捣乱的就三个学生。我耗费了很大精力在他们身上，不但没见好转，反而看到他们逐渐把班级带歪。俗话说，一颗老鼠屎毁掉一锅粥。这三个学生，会把这锅粥彻底毁掉的啊！老师，我该怎么办？

这是在重庆的一次班主任会议期间，某位老师递给我的纸条，还留下了他的电话号码。在他的问题中，没有详细呈现三个学生的具体表现，但我能深深地感觉到这位老师被这三个学生弄得身心疲惫了。因为关涉的是带班思维问题，而不是能力或态度问题，于是会后，我主动约见了这位班主任，也就有了下面的对话——

"老师，您觉得在这三个学生身上，您大概花费了多少精力？"

"大概70%的精力。从单独谈话到书面交流，从结对帮扶到配对导师,从换场地单独私聊到约请家长共同努力……能用的方法我都用了,还是管不好他们。我眼睁睁地看着我们班被他们毁掉。"

分析这段话我们可以发现两个问题。

第一个问题是,为了堵这三个"窟窿",这个班主任真是想方设法,可结果是"窟窿"不但没堵住,班级"大厦"还有坍塌的危险。

第二个问题是,这个班主任在这三个学生身上花费的精力有70%左右。也就意味着在另外47个学生身上花费的精力只有30%左右。

先放下第一个问题,我们着重分析第二个问题。也就是在6%的学生身上花费了约70%的精力;在94%的学生身上花费了约30%的精力。很多读者朋友可能会感叹:是啊,我们平时工作不就是在那几个"问题生"身上耗费了大量精力吗?这样做真的对吗?

很显然,不对。因为如果盯着问题去解决问题,"今天的麻烦永远解决不完","我们要解决的是明天的问题"。班主任首先要做对事情,才会有效果。

二、要树立"把事情做对"的意识

一个班主任做对事情之后,就必须考虑带班的效率。那么,怎样才能出效率呢?把事情做对。

可能有朋友会迷惘:做对事情和把事情做对有什么区别吗?

当然有区别。"做对事情"是基于某件事情是不是该做来说的,也就是说,做该做的事情,比做事情本身重要。如果做事的大前提就是错的,您有多么认真可能就有多么悲哀。所以,做对事情是出效果的前提。"把事情做对"是基于做这件事情本身是正确的,但是这不意味着可以把正确的事情做好。做不好,自然就效率低下或者没有效率;做对了,做好了,才能出效率。

例如,"打造品牌班级",对班主任来说,应该是一件正确的事情;

"打造品牌班级"这种行为肯定是对的。但是，能不能把这件事做好，就是能否"把事情做对"了。为了更准确地说明这个问题，下面详细解释。

笔者在网上搜索了一下"品牌班级"，发现所谓品牌班级无非是为班级创造一个班名、设计一个班徽、创设一种文化、构建一套制度等的综合体。附以形式各异的班名、班徽、班歌、班旗、班训、班口号、班誓约、班文化、班制度、班本课程等，但我却没有听说某某学校某某班成了知名的班级，一如高金英老师的宏志品牌一样。即使您做不到高老师那样，至少也要打造一方或一校名班吧，否则怎敢叫"品牌班级"？

品牌班级的打造，并非设计一套自认为可以作为"品牌"的项目即可，而是要使班级具有独一无二的声誉或价值。

如何才能不断提升班级内涵，让班级成为品牌班级呢？

这里需要探讨另一个名词——班级品牌。打造品牌班级，需要从班级品牌入手。而班级品牌最主要的特征不在于它的独特性，而在于它的超越性。也就是说，做同样的事情，你们班做的要超出别班几个档次，这个项目才会是你们班的班级品牌。

那么，如何通过班级品牌来打造品牌班级呢？

美国纽约市前警察局长威廉·布拉顿（William Bratton）受"破窗理论"的启发，当时他把整个纽约地铁的治安状况当作完全打碎的玻璃窗，布拉顿的做法是"补窗"，补一块玻璃，窗户上就多了一块玻璃，慢慢地补，就可以逐渐将窗户补完整。品牌班级的打造过程与此类似。

具体来讲，品牌班级打造，需要具备下面几个条件。

节奏性。品牌班级打造绝不是几个班级品牌一下子上马。没有任何一个品牌班级打造可以在短期内实施所有项目。全部都抓的结果往往是什么都抓不好。这就是很多班主任设计很多项目之后，做了不少努力，最终班级却没成为校内名班或一方名班的原因。从"补窗"入手，有计划、有节奏地打造班级品牌，是走向品牌班级的必由之路。

由易到难。班级品牌打造要遵循由易到难的规律。当学生易于接受的一个个品牌打造出来后，他们的内心就会产生自豪感，自豪感的产生是朝下一个品牌进军的动力。我在打造自己班级的品牌时是从早读的声音开始的。对学生来说，这是读书卖点儿力就可以做到的事情，不难，却可以让早读的声音成为学校的亮点。有了这个亮点，也就有了第一个被全校师生交口称赞的班级品牌。有了第一个品牌，我们就向第二个品牌出发了。第二个品牌是跑步，要求达到军队的跑步水准。这两个项目成了我们的班级品牌，因为它们产生了让别人认可的效应。

系列性。如果整个品牌班级构建是填满一个框的话，一个个填框的个体品牌就应成系列，因为只有系列的个体品牌才能填满框的空白。如果每一个班级品牌都是超越别人的存在，那么这些班级品牌填满的"框"不就是别人艳羡的大品牌了吗？你们班自然也就成了品牌班级。例如，我所带的班就设计了"早读品牌""跑步品牌""卫生品牌""生态品牌""宿舍品牌""组合品牌""学法品牌""绅士／淑女品牌""研修品牌"等九个品牌，内容涉及常规管理、学业提升、生活环境、个体修养等多个方面。如果这些方面都能超越别班，我们班不就成为这个学校的品牌班级了吗？

总之，品牌班级打造，不是给予一个所谓的品牌就可以的，而是在打造出一个个班级品牌之后，让班级品牌的集合成就品牌班级。从班级品牌到品牌班级，这是一条不能走反的路。

很遗憾，"打造品牌班级"这件"正确的事情"，由于很多人没有做对，就导致班级挂了很多牌，却依然没有品。如此，不就是在浪费班主任的时间吗？

三、要树立"成事育人"的意识

在"成事育人"思维中,"成事"与"育人"不存在哪个是目的哪个是手段的关系,二者相辅相成;在"成事"过程中达成"育人"目的,在"育人"过程中达到"成事"目的。这就要求我们思考,如何在"成事"中实现"育人"效果最大化,如何在"育人"中较好地"成事"。

它包括两个方面的内容:一是成事育生,一是成事育己。

先从成事育生的角度谈。

不少班主任喜欢走在创新的道路上,看起来创意无限,带班效果却不太好。原因何在?不懂得"成事育人"。例如,打造所谓的"品牌班级",为班级挂了"班名""班徽"等一系列牌子,却未能把班级带成个样子。原因就在于把"成事"当作了目的,不懂"育人"的重要性。

如何才能更好地"成事育人"呢?我以为应该把握以下几点。

1.不求多少创新,守着核心育人。在浙江省温岭市听过一位小学班主任的班队课,整节课四个环节,但她所运用的案例就一个,只是从不同角度、不同层次上去发掘而已。这么做既可以多维挖掘,增强个体案例的教育效能,又能让学生从不同层次的体验中提升理解的深度和广度,达到更好的育人效果。所以,优秀的班主任,不会一味去创新,而会守着核心实现育人效果最大化。

2.拉长成事过程,以过程育人。仍以品牌班级打造为例。为班级设计班名、班徽、班旗等一套东西,一周完成。完成之后呢?这些"牌子"还能起多大作用?当然,有朋友会说在设计过程中已经培养了学生的团队精神和创新能力。当然,我不否认有您说的培养内容,但您相信一周就可以培养出学生的团队精神吗?如果分小组设计,然后遴选,将诸多项目分阶段评选、修正,是不是更能激发学生的创造性,更能培养学生的凝聚力呢?如果能够将这个过程拉长到一个月以上,是不是育人效果就更好呢？答案不言而喻。

如此，根本不需要把事情做多，只需要把有限的事情做精，就会出效率，自然也就有了更多时间去思考、实践，就会走得更远。

再从成事育己的角度讲。

敬业最大的要义不是道德，而是爱自己。班主任，多数都喊累。当我讲"做简约而不简单的班主任"的时候，不少班主任悄悄地说"你是站着说话不腰疼"。在我们不断追求把班级带好的"成事"过程中，如果意识到"每做好一件事就会让自己成长"的话，就会不断追求"成事"效能最大化，就会不断让"这件事"的教育效能最大化。

如果迫于各种压力，事事应付，那么接下来再做时，您依然在应付，依然很累。您过的是不断应付的重复人生。如果意识到"成事"其实就是"育己"，您就会认真对待工作，就会找到有效路径，就会提升工作的效能。当然，您也可能把每件事情都做出情趣，找到工作的乐趣。

综上所述，所谓时间管理，关键不是如何规划时间的问题，而是"做事"的问题。做对事情出效果，把事情做对出效率，成事育人出效能。这其实就是不断节约时间，从而解放自己，以便更好地提升自己的过程。

想要不瞎忙，您有必要树立上述三种意识。

第四节　"培育—发展"班级发展理念八问

问1：您做班主任的动机是什么？对班主任工作您怎么看？

答：我做班主任的动机是：为学生的成长服务，少一点儿教育的悲剧，多一点儿人生的充实。

我对班主任工作的看法，可以概括为一句话：幸福的背后往往是痛苦，而痛苦的背后往往是幸福。于是，我们应该多找寻到达幸福的途径，规避痛苦。

问2：请谈谈您是如何进行班级制度建设的。

答：我们总有一些习以为常的念头，其中之一就是建设班级制度。建立制度的潜意识就是学生不够乖，需要管理。这在心理上其实是把学生当作了对立面。我以为，这是一种二元对立的思维，也是我们常有的思维。我的班级没有管理制度，有的只是一个个"班级委员会"（即学生成长的平台）。在委员会中设立委员和常委，他们之间没有上下级关系，常委只是该委员会活动的组织者；同时，各个委员会之间的常委也不存在管理关系，他们不存在交叉关系。委员会活动的有效性和持续性使得每个学生都能感受到成长的喜悦和收获的幸福，这是凝聚班级和让班级和谐发展的途径。这样，每个学生就都有事情可做，"有事就不生非"，通常的管理制度也就没有存在的必要了。

问3：如何做个智慧的班主任？

答：智慧源于理念，细枝末节不叫智慧，那叫技术。例如，如果您认定教育是要成全学生的发展，那您就会少一些怒火，多一些宽容。有了宽容，技术就是微不足道的东西了。所以，我觉得要做个智慧的班主任，首先应有的是对生命的虔诚、对成长的成全、对科学教育理念的追寻。这才是大智慧。

问4：您一直提倡说"班主任该做什么比能做什么重要得多"，那么，您觉得班主任该做什么呢？

答：王栋生老师说，教育的悲哀就在于一群勤勤恳恳的人做着傻事。一个班主任能做的事情很多，但因为我们做的是教育工作，是培养人的工程，如果班主任所做的事情不利于学生的发展或者自以为有利却客观造成不利，那么这样的"能做"就不能去做。我们必须以敬畏生命的态度要求自己，去做一个班主任该做的事情。

班主任该做的事情，其实就一句话：为学生的成长搭建动起来的平台。

所谓平台，就是根据学生的性格特点、爱好特长等搭建起来的适合学生成长的舞台。这个舞台是充分尊重学生个性的产物，同时也是张扬学生个性的舞台。在现行班级授课制条件下，因材施教很困难。个性化成长平台的搭建，则是在现实中进行突围的不错选择。而搭建多少平台、搭建怎样的平台以及如何保证平台有效运作，则是最能体现一个班主任工作能力的地方。班主任要了解班级学生的个性、整合学生的特点、设计详细的发展方案等，只有先解决了这几个问题，平台才可能运行顺畅，也才能真正落实教育为学生的发展服务。

美国教育家杜威认为，教育中永远成功的方法就是，给每个学生一些事情去做，不是给他们一些东西去学。所以，我主张的这个平台必须是动起来的。动起来可以点燃学生的边缘发展区，激活一个个灵魂；动起来是消除班级"动乱"的根源性方式，因为无事才生非；动起来是发展学生个性的核心手段；动起来也是让学生感受到学校生活和学习生活幸福的有效途径。这里所说的"动"不同于通常认为的"活动"。我们主张的"动"，一则指在班级搭建的平台中参与课外活动，参与和别的班级比赛以及学校组织的大型活动。但更重要的"动"是在班级内正常运行中的"动"，它可以舒展每个学生的心灵，张扬每个学生的个性。它不是简单地组织篮球比赛、歌咏比赛等只让有优势的学生展示，也不是类似拔河比赛这种愉悦性超越发展性的一般活动。我们是要通过这些活动，使学生在课堂中被压抑的或现行班级授课制条件下不太可能实现的发展可能得到舒展，它强调学生的参与愉悦性和个体发展性，强调思维和灵魂的愉悦，而不局限于身体活动。让学生的思维和精神状态一直处于"参与"之中，这才是活动的基本要义。如果将活动狭隘化、浅显化，那就是舍本逐末了。

思考搭建怎样的平台才能更好地发展学生，怎样才能让学生在搭建的平台上快快乐乐、持续不断地动起来，这就是班主任应该做的事情。

问5：现行教育体制下，您认为一个班主任怎样才能突围？

答：要解决这个问题，首先需要弄明白班主任的压力来自哪里。班主任的压力来源主要有三个方面：个人理念、考核项目和家长因素。在传统思维中往往把教师尤其是班主任塑造成不食人间烟火的道德模范，不少条条框框让教师们"举步维艰"，加上教师们对自己的教育价值盲目夸大从而导致的"作茧自缚"，等等，使得教师们很累。所以，教师们如果把自己定位为平台的搭建者和学生成长动力的给予者，就会有一定程度的解放。

学校的考核项目多样，这是让班主任感觉累的直接因素，考核导致班主任患得患失。如果一个班主任把自己的理念落实当作头等大事，就不会斤斤计较于考核分数一时的高低了。须知，如果您的理念落实成功了，收获的不仅仅是理想达成的幸福，还有考核分数的上升。不计较一时得失，只关注自己的成长，这样就打开了心灵。心灵打开了，也就突围了。

现在的家长"维权意识"增强，也使班主任在处理班级事务时往往被动。这是长期"班主任本位"造成的——班主任总是认为自己是班级工作的主导者，处处以自己为中心，不自觉地就把家长排除在了班级之外。如果班主任给家长班级发展的策划者、班级事务的参与者身份，家长就会明白班级的发展轨迹，感受到班主任工作的辛苦，就会将心比心，给班主任工作"大开方便之门"。如果班主任能够把家长都团结在一个平台上，让家长和家长也成为朋友，那么学生之间的矛盾，也就往往不劳班主任"大驾"了。

问6：您认为该如何解决班主任负担过重的问题？

答：总结起来说就是：搭建平台向学生借力，学生能做的事情让学生自己去做；解放自己的心灵，别纠缠于班主任考核等小事情，把自己理念的落实放在工作的首要位置；向家长和社会借力，真正形成家校平等、家校合作、家家（家长与家长）交友的局面。一个班主任如果做好以上三点，我觉得负担就能减轻许多。当然，班主任还是有一些班级"事故"需要处理的。面对"事故"，班主任应该持有三种态度：明知处理也不会有结果的事情，不要较真；能够让学生自我解决的问题，转化为培育学生的机会；十分棘手的问题，感恩它给了自己成长的机遇以及加深师生感情的契机。

问7：一个优秀的班主任，往往是可以让学生考出好分数的，您是怎样提高学生的学习成绩的呢？

答：这是一个很好的问题。一个优秀的班主任带出来的通常也是成绩优秀的学生。我的方法简单来说就是组织两个层面的"活动"。第一个层面是，通过搭建个性化平台，让学生在活动中获得发展、赢得尊严，因赢得尊严而获得维护尊严的动力。人一旦有了维护尊严的动力，就会自动要成绩。这是获得成绩的前提。第二个层面是，将学习活动化。我将班级学生分成几个学习小组，让他们自主做教案、自主批改作业、自主梳理知识点等。例如，自主批改作业中的"讨论答案"一项，我就让学生从四个方面考虑问题：答案的来源、答案的条目、答案的补充、同类答案的规律探索。做这四个方面的工作其实是在教会学生如何学习。学会学习，比知识本身更重要。有了第一个层面的调动和第二个层面的方法，成绩自然就会上来。

还有就是如何让学生保持学习动力。我采取"三级会谈"的方法来给学生注入动力。老师先找课代表谈，然后找组长谈，然后一个个小组谈；课代表找组长谈，然后找小组一个个谈；组长定期找组员谈。三次谈话不变的主题就是"收获"和"美好的前景"。只有激发出学生的内在驱动力，学生才能真正开始主动学习。

问8：您是新生代班主任里相当年轻的了，能谈谈您成长的秘诀吗？

答：谢谢您的鼓励！这可能和性格有关，我喜欢读书。与别人不同的是，我不单纯追求读书的数量，而是在阅读质量上下功夫。只要我选定了一本书，就会认真地将其读透读厚，然后再读薄，直到从中读出自己。例如，读《老子》，可能很多人说这是国学。我起初读它是为了排解苦恼，寻求智慧，但读到最后我发现它是一部相当了不起的管理学著作。于是，我就自觉地把它和班级发展结合了起来。这是第一个方面。第二个方面和别人一样，就是写作。我对自己的写作要求比较高。我不相信写多了就能够成功，成功与否关键在于写作的质量。如果我的写作不能给别人带来思考，或者是仅仅说一些正确的废话，那我就不会去写。第三个方面就是勇于实践。我这个人一旦脑子里有了点儿想法，通常就会付诸实践。但是，在实践之前我会在头脑中进行"推演"：预设实施步骤，评估可能结果，设想可能的困难及解决途径等。脑子里的一系列"实践"完成后，我就会大胆去做。

后 记

本书写的基本上是 2014 年之前的事情,至今 7 年有余。7 年间带过不同的班级,也有不同的思考。所以在这里,我把自己 7 年间的思考呈现出来,奉献给认真读完本书的您。

我和大家交流的是"班主任应该做什么"。

一

谁要是自己还没有发展培养和教育好,他就不能发展培养和教育别人。

——第斯多惠(F.A.W. Diesterweg)

看到第斯多惠的话语,想起一件事——

2014 年 2 月 28 日,我乘动车从上海到河南省商丘市去讲课,其间用电脑做 PPT。突然,旁边一个小伙子凑过来问我:"您是老师吗?"

"是啊!"

"老师,您有没有发现你们当老师的很可笑?"话语一出,我很惊讶,他的表情却一本正经。

"我们当老师的怎么可笑了?"语气里有些不满。

"您有没有发现,现在一本里的差生报考的是一本的师范大学,二本里的差生报考的是二本的师范大学,三本里的差生报考的是三本的师范大学,还有那些连高中都考不上的差生就报考幼儿师范……这些差生毕业后出来当老师,然后教出来的差生……"

我打断了他的话,却不知道该说什么。不能说他的话全对,但在很大程度上我是赞同的,就像我,如果不是受分数限制,当年我是不会报考师范大学的。

"要是那些最优秀的人出来当老师就好了。"他滔滔不绝。我却陷入沉思:假设,成立吗?不成立!

作为教师,我们发展培养和教育好自己了吗?姑且不说我们是不是小伙子口中的"差生",单从生活视野或思维视野来看,我们就都有很大的不足。绝大多数教师从校门出来就进入学校工作,而我们要培养的是未来各行各业的人才,我们能完成这项使命吗?

看着第斯多惠的话,我有些汗颜。没有发展培养和教育好自己,我怎能去培养和教育别人呢?

或许,我们真不该以"你应该这么做"的口吻告诉学生该如何做,因为我们都是自我受限的个体,培养的对象却会走向社会的各个岗位。

或者说,班主任,别那么轻易地说引领学生成长,或许我们都没有资格。

二

> 近代教学方法竟然还没有完全扼杀求知的好奇心,这真是一个奇迹;为了保护好奇心这株脆弱的幼苗,除了鼓励以外,最需要的是自由;没有自由,它必会夭折。
>
> ——爱因斯坦(Albert Einstein)

别说孩子,单就你我,都会觉得自己有无数想法没法落实,因为手脚无法自由舒展。是的，自由是成人的内在需要，孩子不也是如此吗？他们处于最有创造因子的美好年华，如果我们把他们的创造因子扼杀掉，那将是莫大的罪孽。我们要尽可能给孩子自由，因为自由是"保护好奇心这株脆弱的幼苗"最重要的条件。

可是，很多班主任不认同，因为"自由"在他们的脑海里就等于"放任"，等于不负责任，于是自然地将班主任工作定义为"管理"。

说到这里，我们不妨分析一下"管理"的实质，以窥探"管理"的真面目。

班主任往往被这样一些问题困扰——"某某同学经常迟到或不交作业怎么办？""某某和某某谈恋爱怎么处理？"……

正因为这些问题的出现，班主任们就认为"管理"理所当然，甚至理直气壮。为将问题说得更加明白，我们分析一下上面两个问题。

先看第一个问题："某某同学经常迟到或不交作业怎么办？"

呈现的现实：某某同学经常迟到或不交作业。

隐藏的密码：某某同学不应该经常迟到或不交作业，对学生来说，按时到校和交作业是理所当然的事情。

老师的期望：该生按时到校和交作业。

问题的实质：老师的期待和事实之间产生了落差。

再看第二个问题："某某和某某谈恋爱怎么处理？"

呈现的现实：两个同学谈恋爱。

隐藏的密码：两个人不应该谈恋爱，学生应以学业为重，不能因恋爱耽误学习。

老师的期望：二人不谈恋爱。

问题的实质：老师的期待和事实之间产生了落差。

如此我们就很容易发现，所谓"问题"，实质是期望与现状之间存在落差，期望与现状之间的落差越大，问题严重程度越高。在很多班主任心目中,"现状"是问题的"动态因素",也就是说,问题产生与否及严重程度和"现状"波动有直接关系。例如,"班上同学没有进取心怎么办",对学生来说,有进取心是自然的事情,是常态;"没有进取心",自然就是波动,是非常态。大多数班主任管理的期望就是"让班上同学拥有进取心"。"拥有进取心",在这个问题中就是"常态"。这就是关键所在——大多数班主任管理的实质是"回复常态"。

我不为上述学生的行为进行辩解,只想说您能确定您认为的"常态"是对的吗?

您可能会说:"只要我管理好每一个学生,工作尽职尽责,就是对学生的成长负责。"我想把荷尔德林(Hölderlin)的一句话分享给您——"使人间变成地狱的,恰恰是把人间变成天堂的愿望"。

自己的愿望再美好,都不能嫁接到学生身上,因为人的成长是单向的,谁都无权拿学生的"唯一"做试验!

没有对生命的敬畏,是绝对做不好教育的!

这点,您是认同的,因为您是一个负责任的班主任。

或许,您又会说:"我们毕竟年长了几岁,总比学生懂得多,我们有必要规范学生的行动。正如一棵树,想要长成参天巨木,就需要砍去旁逸的斜枝。"只是,对学生来说,您知道哪个是正枝哪个是斜枝吗?何况,谁说只有长成参天巨木才算成材呢?

青青翠竹是风景,贴地微草也可以绿意葱茏。

您有没有发现,班主任构建一套完备的班级管理机构和管理机制后,运作过程中总会有一些学生不服从管理?一个要管,一个不想被管,于是就构成了管与被管的矛盾。现实是,您管得越多越细,学生的抵触情绪就越强烈。这已经造成了教育的极大困境。现实中,您看到了很多师生关系激化的情况吧,其中很大一部分原因就在于此。

更大的现实是,我们管了多年,非但没有将教育做得更好,问题反而似乎越来越多了。

如此，您又何必去管？

或许，您还会追问：不管，我给了学生自由，出了问题怎么办？

其实，您还可以追问：学生出现各种心理问题怎么办？学生自暴自弃怎么办？学生没有进取心怎么办？班级没凝聚力怎么办？

三

> 我们之所以痛苦，就是因为我们无法找到怎样才能满足需要的办法。
>
> ——格拉斯（Glass）

美国学者格拉斯曾经说："我们都被潜伏于基因中的四种心理需要所驱动，它们是：归属的需要、力量的需要、自由的需要和快乐的需要。"[①]在一个四种心理需要都得不到满足的环境里，您还要求学生去热爱学校、热爱学习，可能吗？所以，格拉斯接着说："如果这种痛苦持续不断，几乎可以肯定地说约翰两年内就会离开学校。"

我们的学生能离开学校吗？不能，因为他们没那么多选择的自由。如果您能站在学生的立场上去思考这些问题，您会说："在这样的环境里，不出问题才怪呢！"对啊，不出问题才怪呢！此时您可能在想：怎样才能不让问题发生呢？

看，您的思维变了吧。您不再针对那些问题去找寻解决的方法、技巧了，更不用强制性质的管理来限制学生的自由了。是的，您的转变很重要，此时我们就有了"并肩作战"的可能。

---

① 刘玉静，高艳. 合作学习教学策略 [M]. 北京：北京师范大学出版社，2011.

既然教育教学中产生的问题几乎都和这四种心理需要有关，那么在工作中我们就应该想方设法去满足学生的这些心理需要。但前提是，我们必须认真去了解这四种心理需要的内涵。

首先是归属的需要。就是我们所提供的教育情境可以让学生感受到温暖和幸福，可以安放灵魂。更简单一点儿说，就是我们的教室要让每个学生都能安放灵魂，而不是相互监督或者有金字塔式的等级差异。没了相互监督就没了灵魂的紧张感，没了等级差异就消除了心理失衡的根源。自然，您也明白，群体情境中的归属感，一定有他人给予的温暖，也就是说，这种情境的实质是构建一种温暖的人与人之间的关系。

力量的需要比较复杂。其第一层含义是激发学生的内在驱动力。给学生成长的力量，以便他们更好地成为自己，应该是教育的旨归之一。好的教育情境，是应该充满向上的力量，进而让每个学生都充满向上的力量的。诚然，人与人之间的关系除了温暖外，还应该具有促进性。

它的第二层含义是让每个学生都有存在感。也就是说，要让每个学生都感觉到"我很重要"。很多教育问题的产生都跟这个条件缺失有关。很多"问题孩子"的出现，恰恰是因为他们在集体情境中找不到自我的价值，找不到自我的存在感，觉得自己是可有可无的人，总是被忽略的那一个。于是，心理上就会产生这样那样的问题。这里的存在感，不是传统意义上的"教师要关注每一个学生"。"教师要关注每一个学生"的出发点其实还是教师，教师还没有摆脱自己的"教育中心位置"。正如西蒙·派珀特（Seymour Papert）所说："好的教育不是如何让老师教得更好，而是如何提供充分的空间和机会让学习者去构建自己的知识体系。"[1] 教师中心位置而不是学生成长中心位置是造成教育困境的另一个重要原因。克里希那穆提在《教育就是解放心灵》一书中写道，中心点一消逝，爱就出现

---

[1] 汪立耕.最牛的企业是玩出来的[N].中国经济导报，2016-05-21(3).

了。班主任只有摆脱了教师中心位置，才会明白什么是真正爱学生。这里所说的存在感是，让每个学生在群体情境中扮演一定的角色，让角色赋予他地位和价值。诚然，读了上文您也会明白，这里的"一定的角色"也不是我们通常所说的"人人都是班干部，事事有人做，人人有事做"，因为"人人都是班干部"，班干部也会有不平等。我们都知道，很多问题都源自不平等，不平等就会产生心理失衡，心理失衡就会产生问题。所以，真正意义上的角色是每个成员都平等的角色。如果一个人在群体情境中扮演了一定的角色，并能扮演好（这里需要恰切的评价体系）自己的角色，他一定是忙碌的。这样他的综合能力一定会得到提升。因为每个人都是忙碌的，杜绝了无事生非的环境，那还用得着谁管理谁，还用得着各种规矩吗？

自由的需要和快乐的需要，就不需要更多解释了。

为学生创设有归属感、存在感、自由和快乐的教育情境，才是班主任应该做的工作。这也是解决教育过程中出现的几乎所有问题的根源性工作。

如详加分析，我们还会发现，自由的需要、快乐的需要根源于归属的需要、力量的需要。如您进一步体会，还会发现这种教育情境是以尊重个体价值为基础的合作性学习情境。

如何才能创设这种平等、温暖、具有促进性和尊重个体价值的教育情境呢？这也许是此刻您迫切想知道的问题。

从教育现实来说，这是我们应该做的，也应该是班主任专业化发展的方向，但我无法给您提供一个完美的答案。我提供的仅仅是我的做法，不代表科学，只代表我的努力；不代表唯一，只代表一种摸索。

四

太上，下知有之。其次，亲而誉之。其次，畏之。其次，侮之。

——老子

我们要做"太上"的班主任，"下知有之"，"知"即可，不必让班主任处处存在。正如老子所言："上德不德，是以有德；下德不失德，是以无德。"一个真正优秀的班主任，绝对不是一个经常在学生面前刷存在感的班主任，而是一个不显山露水却能够对学生的成长起到"有德"之功的人。

交流至此，我们明白了构建的教育情境需要满足的条件及其合作性。下面，我就以合作学习的基本特征为线索展开论述。

合作学习最核心的条件是互赖——结构互赖、过程互赖、情感互赖以及评价互赖等，这些结合在一起才能构成完整的合作学习教育情境。

首先是结构互赖的建立。根据多年摸索、实践，我创造了以下分组方式（见下表）。

科目＼组别	一组	二组	三组	四组	五组	六组
数学	1	2	3	4	5	6
英语	2	3	4	5	6	1
语文	3	4	5	6	1	2
其他1	4	5	6	1	2	3
其他2	5	6	1	2	3	4
其他3	6	1	2	3	4	5

上表是根据某次大考的学科成绩排名制定的。第2行是数学成绩的第

1～6名，第3行是英语成绩的第2、3、4、5、6、1名，其余各行同理。各小组里面都有数字1～6，这意味着什么？意味着各个小组的实力差不多。您会发现每个学生在这个组里面都有他最强势的学科。这个人扮演什么角色呢？科代表，每个人都扮演自己最强势学科的科代表。这样每个学生在学科成绩上的地位是平等的。以英语科代表为例，他要负责常规的收作业、发作业，传递英语老师的指令等，他更要负责这个小组英语学习计划的制订、知识的梳理、早读任务安排等工作。也就是说这个学科学得好学不好，很大责任就在他身上。这时，他是不是特别有存在感？老师不可能非常细致地关注到每一个学生，但是给他一个角色，这个角色就可以赋予他存在感。所有的人都是科代表，科代表之上再也没有"领导"，科代表之下也没有被管理人员，人人平等，人人都有存在感。您还会发现，学生的学业成绩是互补的，大家谁都离不开谁，只有相互帮助才能共同学好。这就是合作学习的结构互赖。

诚然，这种结构互赖自然会带有过程互赖。因为在具体的合作过程中，每个人的角色要想发挥功能，都必须有小组其他成员的协同。正如天空中的繁星，只有每颗星星都发出自己的光芒，才能共同点亮夜空。

其次是情感互赖的建立。小组组建之后，只有形成向心力，组员们才能凝聚在一起，真正地相互帮助。这种紧密团结、相互帮助的情境氛围就是情感互赖。它是在结构互赖建立之后，解决学生存在感和部分归属感需要（因为具备了相互帮助的可能性）的基础上，进一步解决归属感的问题。我是通过小组文化设计来解决这个问题的。

小组分好之后，我要做的第一件事是让每个小组进行反映自己小组个性追求的文化设计。首先，给3天时间让学生设计组名和组徽，第4天进行展示评比，给最好的两个小组发证书。第5～8天展示的是组诗和组口号。如果对前面设计的组名和组徽不太满意，这时可以修订。至此，文化设计工作就已经延续了8天。接下来的16天，继续做其他项目。各位一定明白，小组文化是什么本身不重要，重要的是展示设计过程。为了得到证书，每个组所有成员都会在设计时精诚团结。所以，经过24天，他们基本上已形成团结的氛围。这种团结互助的文化氛围，就是情感互赖。

在上述三种互赖建立的过程中，还有一条线索贯穿其中，那就是内驱力的激发。由于篇幅关系，这里不再展开。

最后是评价互赖的建立。这关涉两个层面——

一是评价层次。有人说，领导是照顾人的，不是照顾事的；如果领导照顾事，下属就会琢磨人。也就是说，各有分工，跨越了就会出问题。以合作为核心学习方式的教育教学，合作的主体是学生。群体内部如何分工、如何协作、如何对个体进行评价是群体内部的事情，群体之外的班主任不应该参与到群体内部中来。也就是说，班主任对学生的评价层次限于群体与群体之间，群体内部评价与班主任无关。群体内部评价是群体成员之间进行协商、妥协等关系构建的手段。这是群体发展的保障，也是在相互关系调整中个体思想道德水平提升的重要方式，自然也应是德育的核心方式。班主任评价如果深入群体内部，就会破坏学生自主生长的平衡，破坏合作的效度。

二是评价对象。合作学习研究者认为，永远不要对群体贡献中的个体贡献进行评价。对群体贡献的评价，是对合作群体集体贡献的认定，而不是用个体代表取代群体，这是基本前提。对群体贡献中的个体贡献进行评价是有悖"群体"原则的。以学业评价为例。每次大考过后，教师总会对学生进行评价，进行各种名目的表扬。评价者往往忘记了这种评价是结果性评定，而教育是应该指向未来的，所以那种认为只要发一些奖状就可以促进班级发展的想法有些天真。常规做法是给班级总分前几名、单科前几名、总分进步前几名、单科进步前几名等进行表彰，很多人认为表彰的面广了，鼓励到了尽可能广的范围，就可以促进班级发展。教育现实是这样的吗？班主任们都明白，这种表彰并没有为班级的发展带来多少好处，唯一的作用就是让一些个体得到暂时的愉悦，也让另一些个体体验暂时的失落。

整体性评价极少会涉及个体，它是指对发展共同体或者小组整体进行评价。如果一个班级有 8 个小组，可以对总分前两组、总分进步前两组、单科进步前两组、单科成绩前两组等进行表彰。以总分评价为例，无论采取哪种分组方式，小组成员之间的学业成绩总是有差别的。而以团队总分为评价原则的评价方式是将所有成员的总分平均后进行排名。这样，每个成员的分数都会影响到团队总分，而让团队总分最优化的途径就是团队学习过程最优化。这样的团队学习过程一定关乎团结、互助、包容，一定关乎学法探究、工作分工、策略思考等。这些，不就是班级发展的良好模式吗？在这个评价过程中，如果某学生为班级总分第一名，却不在小组总分第一名或者第二名的小组内，他同样不能够得到表彰。这样就会促使学生相互帮助，从而避免班主任为构建班级互助文化而苦口婆心，最终却劳而无功的悲哀。同样，对单科的评价，会促使小组内部该学科成绩优秀的成员去帮助相对弱势的同伴，因为只有共同提高了，整个团队才能得到认可。

这既是反馈作用于良好班级生态构建的过程，也是育人过程，更构建了平等、温暖、具有促进性和尊重个体价值的教育情境。

五

> 除非先有梦，否则什么事也不会发生。
>
> ——卡尔·桑德堡（Carl Sandburg）

或许您会说，你就做梦吧，现实不可能！

我只想说，如果连梦都不去做，又怎么会有梦想的实现呢？为了找到

"班主任工作应该做什么"这个问题的答案，我们做做梦，也是极好的！

不是高高在上的引领抑或管理，而是俯下身子，为学生的发展创设平等、温暖，具有促进性和尊重个体价值的教育情境。这是我对"班主任工作应该做什么"的回答。

图书在版编目（CIP）数据

做一个不再瞎忙的班主任：2022版／梅洪建著．--上海：上海教育出版社，2021.11
ISBN 978-7-5720-1248-8

Ⅰ.①做… Ⅱ.①梅… Ⅲ.①班主任工作 Ⅳ.①G451.6

中国版本图书馆CIP数据核字（2021）第239225号

策　　划　源创图书
责任编辑　董　洪
特约编辑　李热爱
责任印制　梁燕青
内文设计　许　扬
封面设计　奇文云海

Zuo Yi Ge Bu Zai Xiamang De Banzhuren (2022 Ban)
做一个不再瞎忙的班主任（2022版）
梅洪建　著

出版发行	上海教育出版社有限公司
官　　网	www.seph.com.cn
地　　址	上海市闵行区号景路159弄C座
邮　　编	201101
印　　刷	北京华宇信诺印刷有限公司
开　　本	710×1000　1/16　印张 13.75　插页 1
字　　数	180千字
版　　次	2022年1月第1版
印　　次	2025年3月第6次印刷
印　　数	24,001—31,000本
书　　号	ISBN 978-7-5720-1248-8/G·0980
定　　价	58.00元

如发现质量问题，请向本社调换　电话 021-64373213